DAILY
法学選書

民法改正で変わる！

不動産賃貸借ビジネスの法律知識

デイリー法学選書編修委員会 ［編］

三省堂

はじめに

　不動産賃貸借事業は、一定規模の初期投資が必要となる反面、優良な賃借人と契約できれば、長期にわたって安定的な収入を得ることができる魅力的なビジネスです。賃貸人自身は会社勤めをしながら、副業として不動産賃貸借ビジネスを始める人も多く存在します。

　しかし、借地・借家契約は長期にわたる契約であるため、さまざまなトラブルが頻発することも事実です。たとえば、賃料の滞納が続く賃借人に契約の解除を通告しても一向に出て行ってくれないとか、契約期間満了により明渡しを求めたところ、解約の正当事由に異議を唱える賃借人に明渡しを拒否されるといったことがよくあります。敷金返還をめぐるトラブルも頻発しますが、敷金については民法改正により新しく規定ができたので、とくに注意が必要です。

　本書では、契約書の記載事項、特約、保証（根保証）などの基本的な契約知識はもちろんのこと、賃料不払い、敷金・保証金返還、修繕義務、契約更新、解除、原状回復、立退料、定期借地権、定期建物賃貸借、供託、家賃保証、サブリース、相続による賃借権の承継まで、賃貸人が知っておかなければならない重要事項を平易に解説しています。

　存続期間の見直し、敷金や原状回復ルールの明確化、根保証契約などを定めた令和2年4月施行の民法改正にも対応しており、法律の内容だけでなく、トラブル解決にも役立つ内容となっています。

　本書を広く、皆様のお役に立てていただければ幸いです。

デイリー法学選書編修委員会

Contents

第3章　賃貸管理・修理修繕・使用方法の法律問題

第4章　賃貸借とお金の法律問題

第1章

賃貸借の法律の
全体像

図解 賃貸借をめぐる民法改正の具体的な内容

債権法改正（民法の一部を改正する法律）
- 2017年5月26日成立⇒同年6月2日公布
- 施行日：【原則】2020年4月1日

債権法改正で何が変わったのか？

　2017年（平成29年）5月に「民法の一部を改正する法律」が成立しました。民法のうち契約などについて規定する債権編（民法第三編）の改正が中心であることから、一般に債権法改正と呼ばれています。賃貸借も民法が規定する重要な契約類型です。これまで実務上の運用が行われていた事項が条文化されたり、新たな制度が設けられたりするなど、賃貸借に関するさまざまな規定が債権法改正の影響を強く受けています。そして、債権法改正は、不動産の賃貸借（借地・借家）に関する特別法である借地借家法に対しても、少なからず影響を与えているため、債権法改正について十分に理解しておく必要があります。

　賃貸借に関する主要な改正ポイントとして、賃借人が賃貸人に対して交付する敷金に関するルールや、賃借人が負担する原状回復義務に関するルールが明確化されたことが挙げられます。また、賃貸借の継続中に賃貸不動産が第三者に譲渡された場合について、賃借人が不安定な地位に置かれることがないように、賃貸人の地位などに関するルールが明確化されています。

改正ポイント1　敷金に関するルールの明確化（改正民法622条の2）

債権法改正の前は、敷金の定義が不明確であり、敷金の返還時期についても、明文によるルールが存在しなかった

★ 敷金の定義の明確化

名目（呼び方）を問わず、賃料債務等を担保する目的で賃借人が賃貸人に交付する金銭が敷金であることを明確にした

★ 敷金の返還時期などに関するルールの明確化

- 敷金の返還時期：賃貸借契約の終了後に賃貸人が目的物の返還を受けた時や、適法な賃借権の譲渡時であると明記
- 敷金の返還の範囲：賃料などの未払いの金銭債務を控除した残額であることを明記

改正ポイント2 賃借人の原状回復義務に関するルールの明確化 (改正民法 621 条)

債権法改正前は、賃貸借契約が終了した後、賃借人が賃借物について、どの範囲まで原状回復義務を負うのかが規定されておらず、トラブルの原因になっていた

★ **原状回復義務の範囲についてのルールの明確化**

- 目的物に損傷が生じた場合、賃借人は自らに帰責事由がない場合を除き、原則として原状回復義務を負う
- 賃借物の通常損耗（賃借物の通常の使用・収益によって生じた損耗）や経年変化は、賃借物の損傷に該当せず、賃借人は原状回復義務を負わない

通常損耗・経年変化に該当する例
- ・家具の設置による床・カーペットのへこみや設置跡など
- ・テレビなどの電化製品の設置による壁面の黒ずみなど
- ・日照などの自然現象によるクロス（壁紙）の変色など

改正ポイント3 賃貸不動産の譲渡に関するルールの明確化 (改正民法 605 条の 2)

賃貸人が賃貸不動産を第三者に譲渡した場合、賃借人が賃料を賃貸人（譲渡人）、譲受人のいずれに支払えばよいのかが規定されていなかった

★ **賃貸不動産が譲渡された場合は、原則として賃貸人の地位が譲受人に移転するというルールの明確化**

⇒ 譲受人が賃借人に対して賃料を請求するためには、賃貸不動産の所有権移転登記を経る必要がある

改正ポイント4 賃貸借の存続期間の見直し (改正民法 604 条)

★ **賃貸借の存続期間の上限が 20 年から「50 年」に伸長**

※借地借家法により修正されている

〔建物所有目的の土地賃貸借〕：30 年以上（上限なし）
〔建 物 賃 貸 借〕 ：上限なし

1 賃貸借契約とは

▌賃貸借契約とは

　賃貸借契約とは、賃貸人が賃借人に不動産などを使用・収益させることを約束するのに対して、賃借人が賃貸人に賃料を支払うとともに、契約終了時に借り受けた不動産などを返還することを約束する契約です。たとえば、居住目的でマンションの一室を借り受ける場合や、会社の事務所を設置する目的でオフィスビルを借り受ける場合、資材置場とする目的で土地を借り受ける場合などが考えられます。その他、賃貸人の承諾を得た場合は、賃借人が第三者に貸し出して（転貸）、賃料収入を得ることも可能です。

① 賃貸人の義務

　賃貸人は不動産などの目的物を貸す側です。賃貸人は賃借人に対して目的物を使用・収益させる義務を負います。そのため、契約締結後に目的物を賃借人に引き渡すとともに、契約目的に従って賃借人が使用・収益できる状態を、契約期間全体を通じて維持しなければなりません。さらに、賃貸人は目的物について必要な修繕する義務も負います。ただし、賃借人の落ち度（帰責事由）で修繕が必要になった場合、賃貸人は修繕義務を免れます。

② 賃借人の義務

　賃借人は目的物を借りる側です。賃借人のもっとも基本的な義務は賃料支払義務です。特約がない場合、建物や宅地は毎月末、宅地以外の土地は毎年末が賃料の支払時期ですが（後払い）、実際には前払いの特約があるのが一般的です。

　また、賃借人は目的物について、契約で定めた方法を守って使用・収益する義務も負います。これを用法遵守義務といいます。用法遵守

● 賃貸借契約とは（原則）…………………………………………

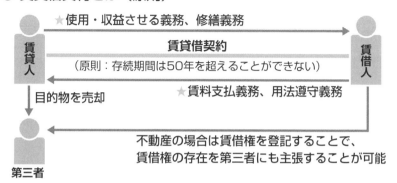

義務に違反して使用・収益をしたため、目的物に損害が生じた場合、賃借人は賃貸人に対して損害賠償義務を負います。

賃貸借契約に関する民法の原則

　賃貸借契約の典型例は、マンションの賃貸など不動産賃貸借であるといえます。以下では不動産賃貸借を念頭に置きつつ、民法が規定する賃貸借契約の原則を見ていきましょう。賃貸借契約の基本ルールを定める民法は、売買・贈与・賃貸借・請負などの契約や、所有権・抵当権などの物権（物に対する権利のこと）に加え、親子関係や相続などに関する基本的な事項を規定している法律です。

① 賃貸借契約の存続期間

　賃貸借契約の存続期間（契約期間）について、民法では50年という上限を設けています。50年を超える存続期間を定めていても、存続期間は50年として取り扱われます。

　また、存続期間の満了時に、合意によって賃貸借契約の更新を行うことが可能です。賃貸借契約が更新された場合も、存続期間は更新時から50年が上限です。これに加え、存続期間の満了後も引き続き賃借人が目的物を継続して使用・収益しているにもかかわらず、賃貸人がその事実を知りながら異議を述べない場合には、同一の契約条件で

賃貸借契約を更新したものと推定します。これを黙示の更新といいます。黙示の更新後は、存続期間の定めがないものとして扱います。

ただし、借地契約や借家契約では、とくに建物が人の生活基盤であることを考慮して、借地借家法の規定により、存続期間に関する民法の原則が修正されています。

② **賃借人の費用償還請求権**

賃貸人が使用・収益をさせる義務や修繕義務を負うことから、賃借人は、目的物に対して支出した費用の償還を請求することが認められています。これを費用償還請求権といいます。

具体的には、賃借人の不注意はないのに割れてしまった窓ガラスの交換など、修繕費として賃貸人が負担すべき費用を賃借人が支出した場合（必要費）は、賃貸人に対して、すぐに費用の返還を請求できます。

また、トイレをシャワートイレに交換した場合など、目的物の価値を高めるための費用を賃借人が支出した場合（有益費）にも、その費用の返還を請求できます。なお、有益費については、賃貸借契約終了時点で残っている価値の増価額、または実際に支出した金額のいずれかを請求できますが、どちらの額を返還するかは賃貸人が選択することになります。

③ **賃貸借契約の終了**

存続期間の満了以外にも、建物の全焼などによって使用・収益が不能になった場合に賃貸借契約が終了します。

また、存続期間の定めがない賃貸借契約については、当事者の一方が解約を申し入れることによって終了させることも可能です。民法では、解約申入れの時から土地の場合は1年、建物の場合は3か月が経過した時点で、賃貸借契約が終了すると規定しています。ただし、借地契約や借家契約においては、存続期間の満了や解約申入れによる契約終了について、とくに賃借人を保護するために借地借家法が民法の原則を修正しています。

その他にも、一方当事者が賃貸借契約において課せられた義務を怠った場合（債務不履行）に、他方当事者が賃貸借契約を解除して終了させることも可能です。債務不履行の典型例として、賃借人が賃料を滞納している場合が挙げられます。しかし、賃貸借契約については、当事者間の信頼関係が破壊されたと認められる事情がなければ解除が認められません（信頼関係破壊法理）。たとえば、1か月分の賃料の支払いが遅れているにすぎない場合には、原則として賃貸借契約の解除は認められません。

④　不動産賃借権の存在を第三者に主張する方法

　賃貸借契約の効力は当事者間のみに及ぶのが原則です。しかし、不動産の賃貸借のように人の生活基盤になる賃貸借契約の場合、賃貸人による不動産の売却によって、賃借人がその存在（自らの賃借権）を主張できなくなれば、賃借人が安心して不動産の賃貸借契約を結ぶことが困難になります。そこで、民法は不動産の賃貸借について、賃借権の登記を行うことで、賃貸不動産の買主などの第三者に対し、賃借人が賃貸借契約の存在を主張することを認めています。

　もっとも、賃借権の登記は、賃貸人・賃借人が共同申請する必要があり、賃貸人の協力が得られないおそれがあります。そこで、借地借家法では、借地契約や借家契約について、賃借権の登記がなくても賃借人が賃借権の存在を主張できる方法を規定しています。

民法以外にどんな法律があるのか

　借地借家法は、一定の不動産の賃貸借について、民法の原則を修正しています。その他にも、分譲マンションの一室を貸し出す場合などは、借地借家法とともに区分所有法の規定にも従うことになります。さらに、不動産業者などの事業者が、一般消費者を賃借人として不動産の賃貸借契約を締結するときは、消費者保護を目的とする消費者契約法の規定が適用される場合もあります。

2 借家契約とは

借家契約は建物の賃貸借契約である

借家契約とは、賃貸人が建物を賃借人に貸して、その対価として賃借人から賃料を受け取る契約です。つまり、建物の賃貸借契約のことです。たとえば、居住目的で一軒家やアパートの一室を借りる契約がこれにあたります。さらに、居住目的でなくても、会社の事務所を設置する目的でオフィスビルの一室を借りる契約も借家契約にあたります。

このように、借家契約はさまざまな目的で結ばれるため、契約締結時に利用目的を詳細に定めておく必要があります。その他、賃料や契約期間なども、借家契約の目的に応じて定めることが必要です。

また、借家契約を締結するときには、賃借人による転貸や賃借権譲渡を認めるかどうかも定めておく必要があります。転貸や賃借権譲渡の必要が生じたときに賃貸人が同意してもよいのですが、後から争いにならないようにするには、事前に契約書で定めるとよいでしょう。

借家契約には、契約期間（存続期間）の定めがある場合とない場合があります。とくにアパートなどの場合は契約期間を2年と定めて、2年ごとに更新をするケースが多いと思われます。借家契約の契約期間を1年未満と定めると、契約期間の定めがないものとみなされます。

民法より借地借家法が優先される

民法は対等な当事者を想定していますが、不動産賃貸借においては賃貸人の方が強い立場であることが多いといえます。貸してもらう側の賃借人は立場が弱く、不利な契約を締結させられることも少なくありません。そこで、賃借人保護の観点から、借地借家法が制定されており、民法の規定と借地借家法の規定が矛盾抵触する場合、借地借家

● 借家契約の法定更新 ·····························

賃貸人Ａ　　　　　　　　　　　　　　　　　　賃借人Ｂ

借家契約

① 借家契約の更新はしないと通知

借　家

② Ｂが期間満了後も居住を続ける

⇒　Ａが正当事由のある異議を述べない

ＡＢ間の借家契約が更新されたことになる！

法の規定を優先することにしています。また、借地借家法の基本的な考え方として、借地借家法の規定より賃借人に不利な規定を借家契約で設けても無効になることを挙げることができます。

　借地借家法の規定の例として、契約期間の定めがある借家契約の法定更新（当事者の合意がなくても借家契約を更新させる制度のこと）に関する２つの規定があります。一つは、当事者の一方が更新をしないとの通知をしなければ、更新前と同じ内容で契約を更新したとみなす規定です。もう一つは、賃貸人が借家契約を更新しないとの通知をしたとしても、賃借人が期間満了後も継続して居住を続け、賃貸人が正当事由（借家契約を終了させ明渡しを認めることが妥当と認められる理由のこと）のある異議を述べなかった場合も、更新前と同じ内容で契約が更新したとみなす規定です。どちらの法定更新も更新後は契約期間の定めがないものとして扱われます。

　たとえば、賃貸人Ａが賃借人Ｂに契約期間２年の借家契約を更新しないと通知をしたが、Ｂが期間満了後も居住を続け、Ａが何も言わずに居住させたままにしていた場合、ＡＢ間の借家契約が更新されたとみなされます。ただし、更新後の契約期間は２年ではなく、契約期間を定めていないと扱われます。

3 借地契約とは

借地契約は建物所有目的の土地賃貸借契約である

　借地契約とは、建物の所有を目的とする土地の賃貸借契約または地上権の設定契約です。後者の地上権とは、建物などの建造物を所有することを目的に、他人の土地を利用することができるという内容の物権です。物権は、誰に対しても主張することが可能であり、地上権の設定契約は土地を借りた側に強力な権利を与えることになるため、借地契約としては土地の賃貸借契約の形式を採用することがほとんどです。本書でも土地の賃貸借契約を前提にして、借地契約について説明していきます。

　借地契約は、土地の賃貸借契約であれば何でもよいわけではなく、建物の所有を目的にしていることが必要です。たとえば、駐車場の経営を目的として土地を借りる契約は、建物の所有を目的としないことから借地契約にあたりません。その一方で、建物といえるものであれば何でもかまいません。

　借地契約については、借家契約と異なり、契約期間（存続期間）の定めがないものは存在しません。契約期間の下限は30年であって、30年未満と定めた場合や、契約期間を定めない場合でも、その期間は30年とみなされるからです。土地を借り、建物を建てて居住・利用する場合は、通常は長期間にわたることが想定されるため、契約期間を最低30年保障しています。

借地契約も民法より借地借家法が優先される

　借地契約についても、民法の規定と借地借家法の規定が矛盾抵触する場合は、賃借人保護の観点から、借地借家法の規定が優先して適用

● 借地契約の更新

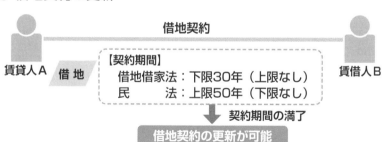

借地契約

【契約期間】
借地借家法：下限30年（上限なし）
民　　法：上限50年（下限なし）

賃貸人A　借　地　　　　　　　　　　　　　賃借人B

↓　契約期間の満了

借地契約の更新が可能

★賃貸人Aが更新を拒絶するためには「正当事由」が必要
⇒正当事由がない場合は契約が更新されたことになる（法定更新）

されます。これは借家契約の場合と同じです。

　たとえば、民法では賃貸借契約の期間を最長50年と規定しています。これに対し、借地借家法では借地契約の期間を最低30年と規定しており、上限の定めはありません。このように双方の規定が抵触する場合には、借地借家法の規定が優先されるので、借地契約の場合は50年を超える契約期間を設定することができます。さらに、借地借家法の規定より賃借人に不利な契約条項は無効であるという借地借家法の基本的な理念も、借地契約、借家契約ともに通用します。

　また、借地契約の期間が満了しても、当事者の合意による更新が可能です。一方、賃借人からの更新請求を賃貸人が拒絶するためには「正当事由」（借地契約を終了させ明渡しを認めることが妥当と認められる理由のこと）が必要です。正当事由が認められないと、借地契約が更新されたとみなされます。このように借家契約と同様に、法定更新（⇨P.15）に関する規定が設けられています。

　なお、更新後の契約期間は、1回目の更新後は20年、2回目以降の更新後は10年です。そして、賃貸人による更新拒絶について正当事由があるかどうかを判断する際には、賃貸人が土地を必要とする理由の他、立退料の支払いの有無やその金額なども考慮します。この点は、借家契約の場合も基本的に同じです。

Q 借地権の存続期間の満了が迫っている状況で、借地権設定者が「その土地を自らが使用する必要がある」と主張した場合には、必ず存続期間の更新拒絶が認められるのでしょうか。

A 土地使用の必要性以外の事情も考慮して正当事由が認められなければ更新拒絶ができません。

　借地権設定者が借地契約の更新を拒絶するには、正当事由のある異議を述べなければなりません。借地借家法は、借地権設定者の正当事由の有無を判断するために考慮すべき要素として、以下の4つを挙げています。

① 土地の使用を必要とする事情

　たとえば、借地権設定者が借地上に建物を建築し、自らの生活の拠点として、あるいは自らの営業活動の拠点として、土地や建物を使用する必要がある場合などが考えられます。

　ただし、借地権が設定されていた土地について「その土地を自らが使用する必要がある」と主張しても、当然に正当事由が認められるわけではありません。正当事由が認められるケースとして、借地権設定者が借地を使用することが生活上あるいは営業上必要不可欠といえるのに対し、借地権者が借地の使用を継続する必要性がそれほど高いといえない場合が挙げられます。

　たとえば、借地権設定者が、借地上に病院を併設した居宅を建築する必要性が高いのに対し、借地権者は、他の場所にも土地を所有しており、実際に借地上の建物をあまり利用していなかった場合に、借地権設定者による借地使用の必要性が高く、更新拒絶の正当事由があると判断されています。

　その他には、借地権設定者が、借地を自ら使用して営業活動をする

借地権の更新拒絶における正当事由

借地権設定者 → 借地権の更新拒絶 / 正当事由が認められる → 借地権者

●病院を併設した居宅を借地上に建築する必要性が高い
●借地上で営業活動を行う以外に、生活のための収益を得る手段がない　など

●他の場所にも所有地があり、借地上の建物をあまり利用していない
●借地の使用を継続しなければならない切迫した事情がない

（駐車場経営など）必要があることを理由に、更新拒絶の正当事由が認められる場合もあります。たとえば、借地権設定者が高齢者で、年齢や経済状態を考慮すると、借地を使用する以外に生活のための収益を得る手段がない一方で、借地権者には借地の使用を継続する切迫した事情が認められないため、更新拒絶の正当事由が肯定されたケースがあります。

② 借地に関するこれまでの経過

権利金などの支払いの有無の他、借地権者が賃料の支払いをたびたび滞らせていたか、存続期間の満了近くになって大規模修繕を行うなどの嫌がらせをしていたかなどが考慮されます。

③ 土地の利用状況

借地権者がどのような目的で、どのような建物を借地上に建てているのかを判断することをさします。たとえば、借地権者が長期間にわたる営業目的で借地上に建物を建築している場合は、借地権設定者が更新拒絶を主張することは困難だといえます。

④ 借地権設定に関する財産上の給付

おもに立退料の支払いの申し出の有無の他、借地権者に対して代替用の土地・建物を提供したか否かなどが考慮されます。

**自分の土地を自分で借りること（自己借地権）は
どんな場合に活用するのでしょうか。**

 自分の土地上に建設した借地権付き分譲マンションの
一室を所有する場合などに活用できます。

　自分が所有する土地を自分に賃貸したり、自分が所有する土地に対
して自分のために地上権を設定することは、一見すると無意味なよう
に思えます。一つの不動産について、自分の所有権に加えて、自分の
賃借権や地上権までも認めると、その不動産の支配関係が複雑になる
おそれが生じます。

　したがって、民法の規定では、土地の所有者がその土地の賃借権や
地上権を取得した場合には、権利義務が同一人に帰属した（混同とい
います）ことを理由に、原則として賃借権や地上権が消滅するものと
しています。つまり、自分が所有する土地に自分の賃借権や地上権を
設定するという自己借地権は、原則として否定されています。

　ただし、借地借家法では、土地の所有者が、他人と借地権を共有す
る場合に、例外的に自己借地権の設定を認めています。

　たとえば、土地の所有者がその土地上に借地権付き分譲マンション
を建設し、その一室を自分も所有しようと考えた場合、自己借地権が
認められなければ、自分は借地権設定者なのでマンションが建ってい
る土地の利用権（敷地利用権）を設定できないことになります。この
ような不都合を回避するため、自ら所有するマンションの一室などに
ついての自己借地権が認められています。

Q 駐車場として土地を賃貸する契約を締結する際には、どのような事項に注意すべきでしょうか。

 土地の使用目的を「駐車場として使用すること」など明確に定めておく必要があります。

　土地の賃貸借契約や地上権設定契約をする場合、それが建物の所有を目的にしていると借地借家法の適用を受けます。これにより借地権者（借主）が手厚く保護されます。たとえば、借地権の存続期間の下限は 30 年で、これより短い期間を定めても強制的に 30 年とされます。これに対して、駐車場としての土地の賃貸借は、原則として借地借家法の適用を受けません。そのためには、賃貸借契約や地上権設定契約で、土地の使用目的を「駐車場として使用する」などと明確にしておく必要があります。

　用法遵守義務違反に基づく責任を問う場合も、土地の使用目的は重要です。用法遵守義務とは、賃貸借契約などにおいて定めた用法（目的）に従って、借主が目的物を使用しなければならないとする義務です。たとえば、駐車場としての使用目的で土地を賃貸したにもかかわらず、借主が無断で土地上に建物を建築していた場合は、用法遵守義務違反となります。この場合、土地の賃貸借契約を解除するとともに、借主に対して、建物の撤去や明渡し、損害賠償を請求することが考えられます。その他、駐車場として土地の一定区画を賃貸するのか土地全体を賃貸するのかの区別、賃料の額やその支払方法、存続期間や更新の有無、駐車可能な車両の限定、駐車可能な車両以外の物を土地上に設置しないこと、存続期間中の債務を担保するための保証金などの事項を定めるとともに、借主による各条項への違反が生じた場合の処理（契約の解除や損害賠償など）についても定めます。

第三者による不法占拠と使用妨害

　賃貸人と賃借人との間で賃貸借契約が締結され、賃借人に賃貸物が引き渡されたときに、第三者が不法に賃貸物を占拠している場合があります。たとえば、借地契約により賃借人に引き渡された土地に、第三者が不法に自動車を駐車して、賃借人による土地の使用・収益が妨げられているケースが挙げられます。借家契約の場合には、賃借人に引き渡された建物に第三者が不法に住み続けており、賃借人による退去請求にも応じないため、賃借人が建物を使用・収益できないケースが考えられます。

　賃貸借契約では、賃貸物を使用・収益させることは賃貸人の義務です。前述の例で、賃貸人は、第三者による不法な自動車の駐車を止めさせたり、建物に不法に住み続けている第三者を建物から立ち退かせたりして、賃借人が賃貸物を使用・収益できる状態を維持しなければなりません。しかし、賃借人が、第三者の妨害行為に対して、賃貸人を介さなければ賃貸物の使用・収益ができないというのでは、賃借人にとって煩雑といえます。

　そこで、民法の規定により、不動産の賃借人は賃借人としての地位に基づき、不法に賃貸物の使用・収益を妨害する第三者に対しては妨害の停止を請求し、不法に賃貸物を占有している第三者に対しては、賃貸物の返還を請求することができます。前述の例で、賃借人は、土地に自動車を不法に駐車している第三者に対しては、その駐車の停止を請求し、建物に不法に住み続ける第三者に対しては、建物の明渡しを請求することができます。ただし、賃借人がこれらの請求を行うには、不動産賃貸借に関する登記を取得したり、借地借家法に基づき、借地上に賃借人名義の登記を行った建物を取得する、あるいは、借家である建物の引渡しを受けるなど、不動産賃借権を第三者に主張するための要件を備える必要があります。

第2章

賃貸借契約を
めぐる法律問題

1 賃貸借契約の締結

賃貸借契約は契約書を作成するのが通常である

　賃貸借契約は、賃貸人が賃借人に対して不動産などを使用・収益させることを約束し、賃借人が賃貸人に対して賃料の支払いと契約終了時における不動産などの返還を約束する、という合意によって成立する契約です。そのため形式として、契約書を作成せずに不動産などの賃貸借契約を締結することができます。かつて日本では、実際に慣習に基づき、口約束による賃貸借契約を締結するという例が多く見られました。

　しかし現在では、土地や建物を賃貸物とする賃貸借契約は、賃貸物が賃借人の生活や事業の基盤になることから、トラブルが生じた場合に備えて、契約書を作成するのが通常です。契約書を作成することで、契約内容を両当事者が十分に認識した上で、契約締結に至ることができます。賃貸人と賃借人との間で、賃料の改定などについて認識に食い違いがあるためにトラブルに発展した場合などには、契約書の存在が有力な証拠になります。

　とくに、後述する契約更新のない定期借地契約や定期建物賃貸借契約を締結するときは、公正証書や契約書などの書面の作成が必要とされています。また、定期借地契約のうち、事業用定期借地権を設定する契約の締結の際には、必ず公正証書を作成する必要があることに注意が必要です。

契約書の作成様式と記載事項

　賃貸借契約に関して契約書を作成する場合、その様式については当事者の自由です。しかし、生活や事業の基盤になる土地や建物の賃貸借契約に関して、契約書の中で重要な事項が抜け落ちている場合には、

● 賃貸住宅標準契約書の基本的な記載事項 ……………………

①	建物の名称、所在地、面積　など
②	契約期間
③	賃料　など
④	貸主・借主の氏名、住所、緊急連絡先　など
⑤	契約の更新
⑥	連帯保証人・家賃保証会社　など
⑦	その他の特約事項

【上記②③に関する注意点】

② 契約期間の始期と終期を明らかにする他、賃借人に対して建物を引き渡すことが可能な時期を明記することが必要

③ 賃料の他にも、敷金や共益費などの賃借人が負担する金銭について明示することが必要

契約書を作成しているにもかかわらず、当事者間でトラブルが発生するおそれがあります。

　そこで、とくに居住目的の借家契約について、国土交通省は賃貸住宅標準契約書を示しています。賃貸住宅標準契約書には、居住目的の借家契約を締結するに際に、通常必要と思われる契約条項が漏れなく記載されています。当事者が任意で契約書を作成する場合も、賃貸住宅標準契約書を参考にして、基本的な記載事項（上図参照）を漏らさず記載することが必要だといえます。

　なお、建物の賃貸借契約書は印紙税法上の課税文書になりませんが、土地の賃貸借契約書は、契約金額が1万円未満のものを除き、課税文書となります。したがって、契約金額が1万円以上の土地の賃貸借契約書を作成する際は、収入印紙の貼付を忘れないようにしなければなりません。

▌仲介する不動産会社が交付する重要事項説明書とは

　重要事項説明書とは、不動産の賃貸借契約においては、契約を締結

する前に、契約の締結を仲介する不動産会社が、不動産の現況、法律などに基づく不動産の利用制限、契約内容などの重要事項を記載して、賃借人になる者に対して交付する書面です。

　不動産は賃借人の生活や事業の基盤になるため、重要事項説明書の記載内容を十分に理解し、契約を締結する必要性が高いといえます。仲介する不動産会社は、賃借人になる者に対して、賃貸借契約の締結に先立ち、従事する宅地建物取引士によって重要事項説明書に記載された内容を説明させなければなりません。

　以下では、借家契約を念頭に置いて、重要事項説明書に記載しなければならない事項について見ていきましょう。借家契約の重要事項説明書には、おもに、①賃貸物件に関する事項、②借家契約における契約条件に関する事項が記載されています。

① 賃貸物件に関する事項

　賃貸物件である建物の名称、所在地、構造、法令に基づく利用制限、インフラの整備状況などが挙げられます。建物の名称・所在地・構造などは、不動産登記簿に記載されている事項を記載します。建物に抵当権が設定されている場合は、その内容も記載します。インフラの整備状況は、水道・ガス・電気などについて記載します。

② 借家契約における契約内容に関する事項

　敷金や礼金などの賃料以外に賃借人が負担する金銭、借家契約の解除に関する事項、賃借人との間で取り決める損害賠償額の予定（債務不履行の場合に支払う一定の金額）や違約金に関する事項などが挙げられます。賃料については、重要事項説明書に記載しなければならない事項に含まれていません。

　その他、ペットの飼育禁止や事業目的での使用禁止といった賃貸人が設定する利用制限など、独自の特約事項も重要事項説明書に記載します。借家契約の場合は、法律に基づく利用制限よりも賃貸人が設定する利用制限が賃借人に大きく影響します。

● 賃貸借契約と公正証書 ……………………………………

賃貸人

【賃貸借契約】（例）借家契約

賃借人

公正証書

① **公証人が記載事項について保証する**
　∴当事者が後から記載事項について争うのは困難になる
② **執行受諾文言が記載されている場合**
　⇒賃料の支払義務など、公正証書に記載された金銭の
　　支払義務を負う者が、その義務を果たさない場合に、
　　裁判手続を経ずに、強制執行手続に入ることが可能になる

公正証書を作成するのが望ましい契約

　公証人が作成する証書を公正証書といいます。公証人は、裁判官や検察官など法律実務の経験が豊富であり、公募に応じた者の中から法務大臣が任命するのが原則です。賃貸契約書を公正証書によって作成する場合には、原則として、賃貸人と賃借人がそろって公証役場に行き、所定の手続をとる必要があります。

　公正証書は、その記載事項を公証人が保証することから、後から当事者が記載事項について争うことが難しくなるため、契約書の内容が強化されているといえます。また、公正証書の中に執行受諾文言という記載が盛り込まれることがあります。執行受諾文言とは、賃料の支払義務など、公正証書に記載された金銭の支払義務が履行されない場合に、裁判手続を経ることなく強制執行手続に入ることを受諾するという内容の記載のことです。執行受諾文言が盛り込まれていると、賃貸人は、賃借人が賃料を延滞し続けている場合に、賃料の支払いを求める訴訟を経由することなく、強制執行手続を取ることができます。

　賃貸借契約の締結に際して、公正証書の作成は原則として不要です。しかし、事業用定期借地権を設定する契約を締結するときは、公正証書の作成が義務づけられています。

2 借地契約や借家契約に規定する特約

なぜ特約を置くのか

　特約とは、賃貸借契約などの各種契約において、とくに法律に規定されていない内容について、当事者間で合意して取り交わしている契約条件のことです。借地契約や借家契約は、おもに民法や借地借家法の規定に従って締結されます。しかし、借地契約や借家契約にまつわるすべての内容について、これらの法律が網羅的に規定しているわけではありません。

　そこで、契約締結後に紛争になるおそれがある法律に規定されていない事項について、法律を補充する形で、当事者が特約を締結しておくことが考えられます。契約自由の原則により、契約条件は当事者の合意で自由に決定できるのが原則であるため、個別具体的な事情に合わせて、当事者が必要と考える特約を契約書などに盛り込んでおくことがあります。

争いが生じやすい事柄と記載例

　法律の規定には任意規定と強行規定の区別があります。任意規定とは、当事者が締結した契約の中に取り決めがない事項について、補充的に適用される法律の規定のことです。任意規定に関しては、当事者が合意の上で、任意規定と異なる内容の取り決めを盛り込むことが認められます。

　これに対して、強行規定とは、法律がとくに遵守を要求している規定のことです。当事者の自由に任せると、一方当事者が不利な地位に置かれる場面などについて、強行規定が設けられています。強行規定に関しては、当事者が強行規定と異なる内容の取り決めをすることが

● 借地契約において無効になるおもな特約 ・・・・・・・・・・・・・・・・・・・・

特約の種類	無効になる特約の具体例
借地権の存続に関する特約	借地契約の存続期間を 30 年（１回目の更新後は 20 年、２回目以降の更新後は 10 年）よりも短く設定する特約
	賃借人の更新請求権を放棄させる特約
	賃貸人による借地契約の更新拒絶について正当事由を不要とする特約
借地権の効力に関する特約	賃借人の建物買取請求権を排除する特約
借地条件に関する特約	借地上の建物が滅失した時に、賃借人による建物の再築を認めない特約 賃料の減額請求をしないとする特約

認められません。

　そして、借地借家法は、借地契約や借家契約における特約について、おもに賃借人（借地権者）を保護する目的で、賃借人に不利となる一定の特約を無効とする強行規定を設けています。したがって、当事者が借地借家法の強行規定と異なる特約を締結しても、その特約が無効になる場合があります。借地借家法は、おもに以下のような特約に関する強行規定を設けています。

・借地契約

　借地借家法では、借地契約の存続期間の下限を 30 年間（１回目の更新後は 20 年間、２回目以降の更新後は 10 年間）と規定しています。これらの下限が強行規定であるため、それより短い存続期間を定める特約は無効です。特約が無効となった場合は、存続期間が 30 年間（20 年間・10 年間）となります。

　借地契約の更新に関しては、賃借人の更新請求権を放棄させる特約や、賃貸人（借地権設定者）による借地契約の更新拒絶について正当事由を必要としないとする特約は無効です。「賃貸人は、正当事由がなければ、賃借人からの借地契約の更新請求を拒絶できない」という

借地借家法の強行規定に反するためです。

　その他、借地契約において無効になる特約の具体例は、前ページ図のとおりです。

・**借家契約**

　借家契約においても、賃借人に不利な一定の特約が無効になります。おもに無効となる特約は次ページ図のとおりです。賃貸人による借家契約の更新拒絶や解約申入れについて正当事由を必要としない特約が無効になる点は、借地契約における強行規定と類似しています。存続期間を1年未満とする特約は無効で、この場合は期間の定めのない借家契約であるとみなされます。

　借家契約における重要な特約として、敷金に関する特約を挙げることができます。敷金については、賃料延滞分や原状回復費用などを指し引いた残額を、借家契約が終了して建物が明け渡された後、賃借人に返還することが予定されているため、敷金を一切返還しないとする特約は無効になります。また、借家契約が終了して建物が明け渡された後、賃貸人が、賃料延滞分や原状回復費用などとは別に、敷金の中から何割かの金額を差し引くという敷引特約が無効かどうかが、とくに消費者（個人）を賃借人とする借家契約で問題となります。敷引特約については、敷金から差し引く金額が高額に過ぎることを理由に後述する消費者契約法10条が適用される場合を除き、賃借人が敷引特約の内容を認識して借家契約を締結していれば、賃借人の利益を一方的に害するとはいえず、無効にはならないと考えられています。

賃借人が個人の場合は消費者契約法にも注意する

　借地契約や借家契約の特約に関しては、賃借人が個人である場合に、借地借家法以外にも消費者契約法で保護される場合があります。とくに消費者の権利を制限し、あるいは消費者の義務を加重し、消費者の利益を一方的に害する契約条項を無効と規定する消費者契約法10条

● 借家契約において無効になるおもな特約 ……………………

特約の種類	無効になる特約の具体例
借家契約の存続に関する特約	賃借人が借家契約の更新拒絶を無条件で認める特約
	借家契約の存続期間を1年未満に設定する特約
	敷金の返還を一切求めないとする特約
	敷金から差し引く金額が高額すぎる敷引特約（消費者が賃貸人の場合に消費者契約法10条によって無効になる）
借家契約の効力に関する特約	賃貸人が建物を第三者に譲渡した場合に借家契約が終了するという特約 賃料の減額請求をしないとする特約

が適用されるかが問題になります。

　消費者契約法10条が適用されて無効になる可能性のある特約の代表例として、原状回復義務に関する特約が挙げられます。とくに借家契約の終了時に、建物の通常損耗や経年変化を修繕・補修する費用を賃借人の負担とする通常損耗補修特約が有効であるかが問題とされます。最終的にどの程度の負担が必要になるか、契約締結時点で賃借人が予測することが難しいからです。

　この点は、特約を結ぶ必要性や合理的理由が存在し、賃借人が特約によって通常の原状回復義務を超えた修繕・補修の義務を負うのを認識しており、賃借人が特約による義務を負担する意思を示している場合には、通常損耗補修特約が有効になります。しかし、そのような場合でないときは、消費者契約法10条の適用によって通常損耗補修特約が無効になります。

　さらに、契約更新に際して、消費者である賃借人が賃貸人に更新料を支払う特約が締結されている場合で、更新後の存続期間などを考慮すると更新料の金額が高額すぎるときには、消費者契約法10条の適用によって更新料特約が無効になります。

3 賃貸借契約と保証

保証契約とは

　保証契約とは、債務者が債務を弁済できないときに、代わりに債務を履行する内容の契約です。保証の場面において、債務者の代わりに債務の履行を約束した人を保証人、債務者のことを主たる債務者、主たる債務者が負担する債務を主たる債務といいます。保証契約は債権者と保証人との間で締結されます。たとえば、BのAに対する債務についてAC間で保証契約が締結された場合には、Aが債権者、Bが主たる債務者、Cが保証人にあたり、Bが債務を履行することができないときに、CがAに対してBの代わりに債務を履行します。

　保証契約には、補充性という重要な性質があります。補充性とは、保証人は主たる債務者が債務を履行しない場合に、補充的に債務の支払義務を負うことです。補充性は、保証人に認められている催告の抗弁権や検索の抗弁権という形で具体化されています。催告の抗弁権とは、債権者が保証人に対して債務の履行を請求した際に、「まず主たる債務者に対して請求しなさい」と主張することができる権利です。そして、これに従い債権者が主たる債務者に履行を請求したが、結局は弁済を受けられなかったなどの理由で、先に保証人の財産に執行をかけてきたとします。このとき保証人は、主たる債務者には資力があり、かつ、その執行が容易であることを証明することで、まずは主たる債務者の財産に執行をかけるよう主張できます。この権利を検索の抗弁権といいます。催告の抗弁権や検索の抗弁権は、保証人に過度な負担を負わせないための規定といえます。

　賃貸借契約などにおいて保証人が求められる場合、通常は連帯保証契約の締結が求められます。連帯保証契約とは、保証人が主たる債

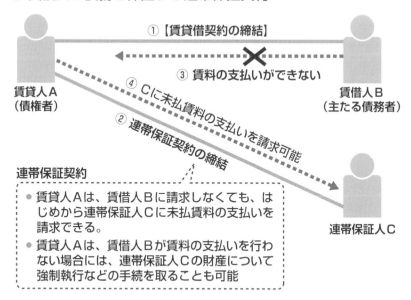

● 賃借人の債務を保証する連帯保証契約 ……………………

① 【賃貸借契約の締結】

③ 賃料の支払いができない

④ Cに未払賃料の支払いを請求可能

② 連帯保証契約の締結

賃貸人A
（債権者）

賃借人B
（主たる債務者）

連帯保証人C

連帯保証契約
- 賃貸人Aは、賃借人Bに請求しなくても、はじめから連帯保証人Cに未払賃料の支払いを請求できる。
- 賃貸人Aは、賃借人Bが賃料の支払いを行わない場合には、連帯保証人Cの財産について強制執行などの手続を取ることも可能

務者と「連帯して」債務を負担する保証契約です。「連帯して」とは、通常の保証契約とは異なり、連帯保証契約には補充性がないことを意味します。つまり、連帯保証人には催告の抗弁権や検索の抗弁権が認められないため、債権者は、主たる債務者に請求することなく、はじめから連帯保証人に債務の履行を請求できます。また、主たる債務者が債務を履行しない場合には、連帯保証人の財産について強制執行などの手続を取ることも可能です。したがって、連帯保証契約は債権者にとって債務を回収する実現性を高めることから、賃貸借契約などにおける保証契約は、通常は連帯保証契約の形式がとられます。

　たとえば上図で、賃貸人A（債権者）は、賃借人B（主たる債務者）との賃貸借契約に基づき、Bに対して賃料の支払いを求めることができます。このとき、Aは、Bが賃料を支払わない場合はもちろん、Bに支払いを請求することなく、はじめから賃料の支払いを連帯保証人Cに対して請求することも可能です。

このように、連帯保証契約は債権者にとってメリットが大きい反面、連帯保証人は、債権者から直接に債務の履行を請求されても拒否できず、とくに債務が高額になる場合においては、過大な負担を強いられる可能性があるため、連帯保証人になるよう依頼を受けたときは、慎重な判断が求められるといえます。

▌根保証契約とその問題点

根保証契約とは、継続的に発生する不特定の債務を債務者が弁済しないときに、代わりに債務を履行する内容の保証契約です。たとえば、賃借人の未払賃料や遅延損害金などは、賃借人の未払期間によってその金額が変動し、不特定であることから、これを保証する契約は根保証契約にあたります。根保証契約も、通常の保証契約と同様に、書面または電磁的記録（PC上のデータ）で締結される必要があります。

そして、個人のような法人でない者が根保証契約の保証人になる契約を、個人根保証契約といいます。ただ、根保証契約には、前述のように、保証すべき債務の金額が変動し、不特定であるという性質があります。このため、保証人になった個人が、あらかじめ保証すべき金額を想定できず、予期せぬ高額の債務を負う可能性があります。そこで、民法は、このような事態から個人の保証人を保護するための規定を設けています。具体的には、個人根保証契約締結時に、極度額（個人根保証契約によって保証人が担保する債務の上限額）もあわせて書面または電磁的記録で明確にしないと、契約全体が無効になると規定しています。

なお、根保証契約は連帯保証契約として締結することも可能です。

▌個人根保証契約における極度額とは

根保証契約における極度額について、具体例で見ていきましょう。たとえば、建物の賃貸人Aと賃借人Bとの間で借家契約を締結し、個

● 個人根保証契約における極度額 ……………………………………

借家契約（建物の賃貸借契約）

賃借人B

賃貸人A

個人根保証契約
極度額 100万円

保証人C

個人根保証契約

① Bの未払賃料と遅延損害金などの合計が100万円
　⇒CはBの債務をすべて保証する

② Bの未払賃料と遅延損害金などの合計が200万円
　⇒Cは100万円を限度としてBの債務を保証する

③ Bの未払賃料や遅延損害金などが40万円発生し、これをCが
　Aに支払った後、再びBの未払賃料や遅延損害金などが70万円
　発生した
　⇒Cは60万円を限度としてBの債務を保証する
　【極度額100万円－支払済40万円＝残額60万円】

人であるCがAとの間で個人根保証契約を締結したとします。この根保証契約の極度額を100万円に設定したとすると、Cが保証する債務の合計額が最大100万円になります。

　とくに賃借人の債務を担保する根保証契約では、未払賃料だけでなく、賃料の支払いが遅れたときの遅延損害金や、賃借人が扉などを壊した場合の損害賠償金なども担保します。先ほどの例で、Bの未払賃料と遅延損害金などの合計が100万円とすると、極度額と同額であるため、CはBの債務をすべて保証します。これに対し、Bの未払賃料と遅延損害金などの合計が200万円とすると、極度額は100万円であるため、Cは100万円を限度としてBの債務を保証します。

　なお、Bの未払賃料や遅延損害金などが40万円発生し、これをCがAに支払った後、再びBの未払賃料や遅延損害金などが70万円発生したとします。この場合、AはCに対して最大60万円を請求できるにとどまります。Cは40万円をAに支払っているため、Cの保証する債務は残りの60万円だけになるからです。

4 根保証で担保される賃借人の債務

賃借人の債務の根保証の範囲について

　賃貸借契約には、一般的に契約期間が定められており、期間満了前に賃貸借契約が更新されることがよくあります。そこで、賃借人の債務を担保するために根保証契約を締結していた場合、更新後の賃料なども保証人が担保しなければならないかが問題となります。

　最高裁判所の判例では、更新後の賃借人の債務については保証しないとの意思がうかがえるなど特段の事情がない限り、更新後の賃借人の債務も根保証契約の範囲に含まれると判断しています。

根保証契約の元本はいつ確定するのか

　根保証契約によって担保される債務の範囲が特定されることを元本の確定といいます。元本が確定すると、保証人が支払うべき具体的な金額が明確になります。

　根保証契約に元本の確定が生じる時期（元本確定時期）が定められていた場合、その時期をもって元本が確定します。もっとも、借家契約や借地契約は、更新により契約期間が長期に及ぶことが少なくありません。そのため、根保証契約には元本確定時期を定めていないのが通常です。極度額を定めない場合と異なり、元本確定時期を定めなくても個人根保証契約は無効とならないからです。

　保証人が担保する賃借人の債務には賃貸借契約に基づくさまざまな債務が含まれるため、根保証契約に元本確定時期が定められていない場合、あまりに長期間となると根保証契約の締結時に予想し得なかった債務についても保証することになる可能性があります。

　そこで、民法は、個人根保証契約の元本が確定する事由について規

● 根保証契約で担保される賃借人の債務の範囲 ⋯⋯⋯⋯⋯⋯

根保証契約で担保される債務の範囲	賃貸借契約に基づいて賃借人が賃貸人に支払わなければならないすべての債務（特段の事情がない限り更新後の債務も含む） ［具体例］賃料、遅延損害金、損害賠償など	
根保証契約の元本確定時期	保証契約に元本確定時期が定められていた場合	定められた元本確定時期をもって元本が確定する
	保証契約に元本確定時期が定められていなかった場合	民法が規定する一定の事由が発生したときに元本が確定する

定しています。つまり、個人根保証契約において元本確定時期を定めていなくても、民法が規定する一定の事由が生じれば、その個人根保証契約の元本が確定し、保証人が担保する賃借人の債務の範囲が特定されます。以下、元本確定事由の詳細を見ていきましょう。

▌ 賃借人あるいは保証人の死亡

　民法が規定する賃借人の債務に関する個人根保証契約の元本確定事由のひとつとして、賃借人または保証人の死亡があります。これは保証人を守るために重要な元本確定事由です。

　たとえば、賃借人Aが死亡した場合で、Aには相続人Bがおり、Aの債務に関する保証人Cがいるとします。賃貸借契約の賃借人の地位は相続の対象となるため、Aの死亡により、賃借人の地位はBに相続されます。そのため、Aが死亡しても賃貸借契約は終了せず、CはBがAから相続した賃借人の債務を引き続き保証します。

　しかし、保証人は、賃借人との個人的関係などを背景として賃貸人と根保証契約を締結することが多く、通常は、相続人の存在を考慮していません。そうすると、Cにとっては、BがAから相続した未払賃料などを保証するのは当然としても、Bが自ら発生させた未払賃料な

ども保証すべきとするのは酷だといえます。この点から、賃借人の死亡を元本確定事由として、賃借人の相続人が自ら発生させた未払賃料などを個人根保証の対象から除外しています。

反対に、保証人Cが死亡した場合で、Cには相続人Dがいるとします。Dは相続をするか相続放棄をするかを判断しますが、保証人の地位も相続の対象となるため、元本が確定していないと、Dは保証人としてどの程度の債務を負うのかを判断できず、相続するか否かの判断が困難となります。しかし、元本が確定していれば、相続の対象である財産と債務を比較し、相続するか否かの判断ができます。この点から、保証人の死亡を元本確定事由として、保証人の死亡後に賃借人が発生させた未払賃料などを個人根保証の対象から除外しています。

賃貸人としては、賃借人と保証人のどちらかが死亡すると、その死亡後の未払賃料などは保証対象外になり、保証人やその相続人に請求することができなくなる点に注意を要します。

保証人の破産

保証人が破産した場合も、賃借人の債務に関する個人根保証契約の元本が確定します。保証人の破産とは、保証人が債務超過に陥って、賃貸人が未払賃料などを請求しても支払いができない状態をいいます。

保証人が破産した後は、破産手続の中で保証人の債務がどの程度であるかを具体的に確定させる必要があります。しかし、元本が確定していないと、保証人が負担する債務の額が変動してしまうので、保証人の破産を元本確定事由に含めています。賃貸人としては、保証人が破産した後の未払賃料などは保証対象外になり、保証人に請求することができなくなる点に注意を要します。

これに対し、賃借人の破産については、賃借人の債務に関する個人根保証契約の元本確定事由に含まれていません。賃借人が破産したという理由だけで賃貸借契約が当然に終了するわけではない以上、賃借

● 賃借人または保証人の死亡 ·····································

【賃借人の死亡】

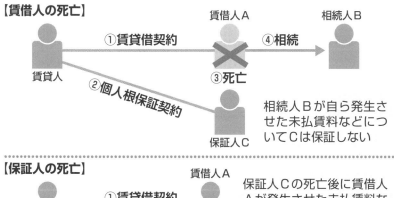

①賃貸借契約　④相続

賃借人A　相続人B

賃貸人

③死亡

②個人根保証契約

保証人C

相続人Bが自ら発生させた未払賃料などについてCは保証しない

【保証人の死亡】

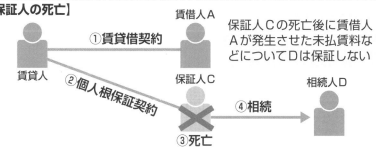

①賃貸借契約

賃借人A

賃貸人

②個人根保証契約

保証人C

③死亡　④相続

相続人D

保証人Cの死亡後に賃借人Aが発生させた未払賃料などについてDは保証しない

人の未払賃料などを保証する個人根保証契約の元本も確定しないということです。

▌保証人の財産が強制執行されたとき

　保証人の財産が強制執行された場合も、賃借人の債務に関する個人根保証契約の元本が確定します。強制執行とは、債権者の債務者に対する請求権を、執行官や執行裁判所が強制的に実現する手続のことです。

　強制執行が行われるときは、保証人が経済的に相当苦しい状況であることが想定されるため、元本確定事由に含めています。賃貸人としては、保証人の財産が強制執行された後の未払賃料などは保証対象外になり、保証人への請求ができなくなる点に注意を要します。

5 保証人に対する情報提供義務

情報提供義務とは

　保証人は、借地契約や借家契約を含めた賃貸借契約の当事者ではないため、賃貸借契約に関連する情報を正確に把握するのが難しく、予想外のリスクを負わされることがあります。そこで、債務者が負担している債務の内容や、延滞の有無といった債務の支払状況などに関する情報を、保証人に対して適切に知らせる必要があります。これを情報提供義務といいます。

　民法は、保証契約の締結の前後において、必要に応じた情報提供義務に関する規定を置いています。

根保証契約の締結時における賃借人の情報提供義務

　借地契約や借家契約など不動産の賃貸借契約においては、賃借人の賃料の延滞などに備えて、連帯保証人（⇨ P.32）をつけるのが一般的です。賃借人の債務を保証するときは、保証対象である賃料の延滞額などが一定の金額に決まっているわけではないので、根保証契約（⇨ P.34）にあたります。

　根保証契約の締結を委託する際に、その根保証契約によって担保する債務の中に、新規工場建設のための資金の借入れなど、事業のために負担する債務が含まれる場合、債務者である賃借人は、根保証契約の締結を委託する個人に対し、自らの財産状況などについて説明しなければなりません。具体的には、委託を受けて保証人となろうとする個人に対し、図の@〜©の情報提供義務を負います。

● 賃借人（債務者）の財産状況等の情報提供義務 …………

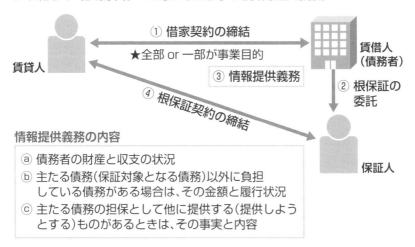

情報提供義務の内容

ⓐ 債務者の財産と収支の状況

ⓑ 主たる債務（保証対象となる債務）以外に負担
　している債務がある場合は、その金額と履行状況

ⓒ 主たる債務の担保として他に提供する（提供しよう
　とする）ものがあるときは、その事実と内容

▌賃借人が締結時の情報提供義務に違反した場合

　民法では、賃借人が事業のために負担する債務が含まれる根保証契約を委託する際に、図のⓐ〜ⓒの事項に関する情報提供義務に違反した場合、賃借人から委託を受けた個人の保証人が、根保証契約を取り消すことができると規定しています。

　具体的に、根保証契約の取消しができるのは、賃借人が情報を提供しないか、あるいは事実と異なる情報を提供するという情報提供義務違反により、保証人がⓐ〜ⓒの事項について事実と異なる認識をして、根保証契約の締結に至った場合です。ただし、保証人が根保証契約を取り消すためには、賃借人の情報提供義務違反について賃貸人が知っていたか、あるいは知ることができた場合でなければなりません。

▌主たる債務の履行状況に関する賃貸人の情報提供義務

　賃貸借契約において、根保証契約が締結された後の段階では、賃料の支払いが滞っているなど、賃借人の履行状況に関する情報を知っておくことが保証人にとって重要です。このような情報を得ることによ

り、保証人は、どの程度の金額を負担する可能性があるのかを想定することができるからです。

　そして、賃借人の履行状況に関しては、本人である賃借人に説明を求めるよりも、賃貸人（債権者）に説明を求める方が、より正確な情報を得られる可能性が高いと考えられます。とくに賃借人が賃料の支払いを滞っている時に、保証人からの問い合わせに対して「賃料はきちんと支払っている」とウソの説明をする可能性があるからです。

　以上の点から、民法では、根保証契約の締結後に、保証人から賃貸人に対し情報提供請求があった場合は、賃借人の履行状況などについて、賃貸人が情報を提供する義務を負うと規定されています。

■ 主たる債務の履行状況について賃貸人が提供する情報など

　保証人から主たる債務の履行状況についての情報提供の請求を受けた賃貸人は、主たる債務の元本の履行状況や、主たる債務の利息・違約金・損害賠償などの履行状況などに関する情報を提供しなければなりません。

　ただし、主たる債務の履行状況についての情報提供の請求ができる保証人は、賃借人の委託を受けて保証人になった者に限定されます。賃借人の委託を受けていない保証人は含まれません。その一方で、根保証契約締結時の情報提供義務や、後述する期限の利益喪失についての情報提供義務と異なり、保証人が法人である場合にも情報提供義務が発生します。債務者の履行状況に対する関心度は、個人か法人かで異ならないからです。

　なお、根保証契約の締結時の情報提供義務と異なり、主たる債務の履行状況についての情報提供義務に賃貸人が違反した場合に関して、民法ではとくに規定を設けていません。しかし、情報提供義務に違反したことで保証人に損害が生じたときには、賃貸人が損害賠償責任を負う可能性があります。

● 保証人に対する情報提供義務の一覧 ················

	根保証契約の締結時	主たる債務の履行状況	期限の利益喪失
情報提供義務を負う人	賃借人（債務者）	賃貸人（債権者）	賃貸人（債権者）
主たる債務の事業目的の要否	必 要	不 要	不 要
保証人が委託を受けていることの要否	必 要	必 要	不 要
法人の保証人を含むか	個人のみ	個人も法人も含む	個人のみ

期限の利益喪失についての賃貸人の情報提供義務

　民法では、賃借人が期限の利益を喪失した場合、賃貸人がそれを知った時から2か月以内に、その事実を保証人に通知しなければならないと規定しています。期限の利益喪失についての情報提供義務は、賃借人の委託を受けているか否かを問わず、個人である保証人に対して賃貸人が負担する義務です。法人の保証人は含まれません。

　期限の利益とは、支払期限が到来するまで債務を支払わなくてよいとする利益です。たとえば、賃借人が借りている住宅の一部を故意に破壊し、賃貸人に対して修理代100万円を支払うことになったとします。「毎月25日に5万円を支払うことでよいが、1回でも支払いを怠った後は直ちに残額すべてを支払う」と取り決めた場合、賃借人が1回でも支払いを怠ると期限の利益を喪失するため、賃貸人は、その事実を保証人に通知しなければなりません。賃借人が期限の利益を喪失したことにより、保証人も残額すべてを支払わなければならない状況になり得るからです。

　なお、期限の利益の喪失についての情報提供義務を怠った賃貸人は、期限の利益を喪失してから保証人に通知をするまでに発生した遅延損害金を保証人に対して請求できなくなります。

6 家賃保証会社

どんな場合に利用するのか

　家賃保証会社とは、利益を得る目的で賃借人の保証人になる会社です。賃借人が利用するための条件はとくにありませんが、おもに保証人を見つけることができない場合や、親族や身近な人に保証人を依頼したくない場合に利用することが考えられます。

　賃貸人が家賃保証会社の利用を望む場合もあります。家賃保証会社を利用すると、賃貸人との根保証契約の締結にあたり、家賃保証会社は賃借人の経済面について審査をします。家賃保証会社は、この審査を通過した場合のみ保証人となるため、賃貸人は、経済状況のよくない賃借人との賃貸借契約を回避することができます。

　なお、平成29年10月から国土交通省が家賃債務保証業者登録制度を始めました。これは、家賃保証会社が国に登録を行い、その会社の情報の提供を行う制度ですが、登録するかどうかは任意です。

家賃保証会社との根保証契約では極度額が不要

　家賃保証会社が保証人となる場合の保証は、個人保証ではなく法人保証にあたります。個人が賃貸人との間で根保証契約を締結する場合には、極度額の定めが必要ですが、家賃保証会社が保証人となる場合には、極度額の定めは必要ありません。

　極度額の定めが必要な理由は、根保証契約を締結するときに、個人では十分にリスクを考慮して判断することが困難だからです。家賃保証を業務とする会社は、保証人になるリスクを十分に考慮し、根保証契約をすべきか否かを判断するプロですから、個人の場合と同様の保護は必要ないとの考えから、極度額の定めは要求されていません。

● 家賃保証会社 ‥‥‥‥‥‥‥‥‥‥‥‥‥‥‥‥‥‥‥‥‥‥‥‥‥

賃貸人　　　　　　　　　　　　　　　　　　　**賃借人**

①【建物の賃貸借契約】

④ 賃料の支払いができない

⑤ 賃借人に代わって賃料の支払いを請求

② 経済面の審査

③【根保証契約】

家賃保証会社による根保証
- 極度額の定めが不要
- 賃借人に対し求償権に関する保証人を要求する場合がある

家賃保証会社

家賃保証会社が個人保証を求める場合もある

　家賃保証会社が保証人となる場合、賃借人と家賃保証会社の間で保証委託契約が締結されるのが一般的です。このとき、家賃保証会社が賃借人に求償権に関する保証人を要求することがあります。債務者の代わりに支払いをした保証人は、債務者に立替え分の支払いを請求することができます。これが求償権です。そして、債務者が求償に応じられない事態に備えて、保証人を要求することになります。

　ただし、賃貸人と家賃保証会社の根保証契約で極度額の設定をしていない場合は、家賃保証会社が個人との間で求償権に関する保証契約を締結しても無効となる点に注意を要します。賃貸人と家賃保証会社の根保証契約に極度額がなければ、求償権も上限額がなくなり、個人が極度額のない根保証契約を締結したのと同じことになるからです。

Q 入居審査にはどのような書類が必要なのでしょうか。入居審査時に虚偽の報告をしていたことが判明した場合、賃貸人は、入居申込者との契約締結を拒否できるのでしょうか。

 A 入居申込書や身分証明書などの提出が必要で、虚偽記載がある場合は入居拒否をすることが認められます。

　入居審査とは、入居希望者が建物に入居することが適切であるか否かについて、賃貸人が経済的観点などから審査を行う過程です。入居審査が行われるのは、借家契約は長期にわたり契約関係が継続することから、人的信頼関係が重要であって、入居者としての適性を事前に確認する必要があるからです。入居審査を行う際に、賃貸人は、入居希望者に対して、次ページ図のような書類の提出を求めます。これらの必要書類をもとに、①入居希望者の家賃の支払能力、②入居希望者の人柄、③適切な保証人の有無などを考慮して入居審査を行います。

① 　入居希望者の家賃の支払能力

　借家契約における賃借人のもっとも中心的な義務は、家賃の支払義務です。そこで、支払能力の有無を確認するため、入居希望者の職業や収入などを、提出された必要書類から見極めます。

② 　入居希望者の人柄

　たとえば、反社会的勢力とつながりのある者が入居すると、近隣住民との間でトラブルになる可能性が高いなど、賃貸人にとって賃借人の人柄は重要な関心事です。賃貸人としては、入居審査において、入居希望者の支払能力だけでなく、その人柄も慎重に見極める必要があります。入居希望者の人柄は、提出された必要書類のみによって判断することは困難を伴うケースもあるため、実際に入居希望者と面会して判断することも行われています。

入居審査時のおもな必要書類

必要書類	具体例など
入居申込書	仲介する不動産会社を通じて入居希望者に渡される ⇒入居希望者の氏名・住所・電話番号・勤務先・ 　年収などを記載する
身分証明書	運転免許証のコピー
	パスポートのコピー　など
収入証明書	社員証・在籍証明書　など
	源泉徴収票
	課税証明書
	直近の給与明細　など

③　適切な保証人の有無

　借家契約を締結するときは、賃貸人から入居希望者に対して、賃借人の賃料などの債務を保証する連帯保証人を求めることが通常です。賃貸人にとっては、入居希望者に安定した経済力のある連帯保証人がつくことが確認できれば、賃料などの支払いが滞ることがあっても、連帯保証人から支払いを受ける見通しが立つため、安心して借家契約を締結できます。そして、入居審査時に提出された入居申込書などの記載内容に虚偽があることが判明した場合には、賃貸人は、借家契約の締結を拒否して入居希望者の入居を阻止できます。契約を締結するかどうかは、当事者の自由とするのが原則だからです。

　しかし、借家契約の締結後に虚偽記載が判明した場合は、すでに契約関係に入っています。したがって、虚偽記載の内容が契約関係を継続しがたい程度のものでない限り、賃料延滞などの債務不履行がある場合を除き、賃貸人は、借家契約の解除ができないと考えられています。たとえば、賃借人が無職なのに、職業欄に医師、年収欄に1500万円と記載し、納税証明書などを偽造し、借家契約の締結に至ったような場合であれば、虚偽記載を理由に契約解除が可能といえるでしょう。

Q 数年前の自殺について、賃貸人には賃借人に対する説明義務があるのでしょうか。アパートの一室の賃貸借契約の場合、そのアパートの屋上での自殺だったときは、賃貸人に説明義務があるのでしょうか。

A 説明義務の有無に関しては、場所、経過期間、社会的な認知などを考慮して、一般に心理的な嫌悪感が希薄化したか否かを基準に判断をします。

　賃貸物（賃貸建物など）において過去に自殺が発生したとの事実がある場合、賃貸人は、新しく賃借人となる者に対し、自殺の事実について説明義務（告知義務）を負うことがあります。説明義務があるにもかかわらず、賃貸人が説明をせずに貸し渡してしまうと、賃借人から民事上の契約不適合責任（貸し渡された賃貸建物が契約の内容に適合しないことを理由とする責任）を追及されるおそれがあります。具体的には、賃借人から賃貸借契約が解除される他、損害賠償請求を受ける可能性があります。

　ただ、賃貸人が自殺の事実について永久的に説明義務を負い、賃料を安く設定せざるを得ないとするのも不合理です。自殺の事実に関する説明義務が発生する基準について明確に定めた法令はありませんが、過去の裁判例で一定の目安が導かれています。これによると、賃貸物の場所・自殺の場所、自殺からの経過期間、自殺に対する社会的な認知などの諸事情を考慮し、契約締結の際に自殺の事実への心理的な嫌悪感が希薄化したか否かにより、説明義務の有無が判断されています。とくに自殺の発生時から時間が経過すればするほど、その事実に対する心理的な嫌悪感が希薄化した（説明義務がない）と判断される可能性が高まります。

●賃貸物内・共用部分・屋上での自殺

　賃貸物内（アパートの1室など）での自殺の事実は説明義務の対象です。ただし、自殺から2年〜3年程度を経過すると心理的な嫌悪感が希薄化したとされ、説明義務が否定される傾向があります。一方、自殺の事実が報道されたなど社会的認知が高いことを理由に、説明義務が長期間存続する可能性もあります。

　もっとも、賃貸物内での自殺発生後に現れた新たな賃借人が、当該賃貸物を相当期間（1〜2年程度）問題なく賃借していたという事情は、その賃貸物を借りることへの心理的な嫌悪感が希薄化させると評価され、説明義務を否定する要素になると考えられます。

　賃貸建物の共用部分（アパートの廊下・階段・玄関など）は、賃借人が日常的に使用する場所なので、そこでの自殺の事実は説明義務の対象です。ただ、賃貸物内での自殺と同様に、基本的には2〜3年程度の経過で説明義務が消滅するとされる傾向にあります。

　屋上での自殺も説明義務の対象ですが、自殺から1年半の経過をもって心理的な嫌悪感が希薄化したものとし、説明義務を否定した裁判例があります。屋上は貸室内でもなく、賃借人が日常的に使用する場所でもないため、賃貸物内や共用部分での自殺よりも嫌悪感の希薄化が早期に認められる傾向があります。

●実際上の説明義務の判断

　賃貸借契約の締結にあたり賃貸人に説明義務があるか否かが不明瞭な場面が少なからずあり、説明すべきかどうか判断に迷うこともあるでしょう。トラブル発生による損失は甚大ですから、判断に迷うときは説明義務があることを前提に、賃借人となる者に対する説明を尽くし、適切な賃料を設定して入居してもらうことが、トラブルを防ぐことになると考えられます。

入居者の行方不明と契約解除・残存物の撤去

　賃貸借契約を締結した後、契約期間の途中で賃借人が行方不明になることがあります。たとえば、借家契約に基づき、当初は賃借人が建物を使用・収益して、賃料の延滞もなかったが、ある時点から賃料を滞納するようになり、賃料未払いが連続して6か月以上に至ったため、建物内を確認したところ、賃借人が不在で音信不通の状態であるといったケースが挙げられます。

　賃借人が行方不明になった場合、賃貸人としては、賃料延滞を理由に賃貸借契約を解除することが考えられます。しかし、賃貸借契約の解除が認められるためには、契約を解除するとの意思表示が賃借人に到達することが必要であるところ、行方不明の賃借人に向けて解除の意思表示を到達させるのは困難です。

　この場合は、民法が規定する「公示による意思表示」に基づき、賃借人の住所地を管轄する簡易裁判所に申し立て、裁判所の掲示場に解除の意思表示を掲示してもらうことが可能です。これを行うと、掲示開始日から2週間を経過した日に、賃貸借契約の解除の意思表示が賃借人に対して到達したとみなされます。しかし、賃貸借契約の解除が認められても、賃借人が建物内に残した家財道具などの残存物を、賃貸人が勝手に処分してはいけません。残存物の所有権は賃借人にあるからです。残存物を勝手に処分すると、後で賃借人が戻ってきた場合に、損害賠償請求を受けるおそれがあります。

　そこで、賃貸人としては、地方裁判所に建物明渡しと未払賃料支払いを求める訴訟を提起することが重要です。最初の審理期日に賃借人が欠席すると、賃貸人の請求をそのまま認める判決が言い渡されるため、この判決の確定後に、強制執行の手続を申し立てます。強制執行の手続により、残置物が建物から撤去されるとともに競売にかけられ、競売代金を未払賃料に充当できます。

第3章

賃貸管理・修理修繕・
使用方法の法律問題

1 賃貸物の修繕義務

修繕義務とは

　賃貸借契約における賃貸人の中心的な義務は、賃借人に賃貸物を使用・収益させる義務です。なぜなら、賃貸借契約とは、賃借人に賃貸物を使用・収益させることを目的とする契約だからです。

　使用・収益させる義務は、賃借人に賃貸物を引き渡すことが基本的な義務となりますが、それだけが使用・収益させる義務であるとは限りません。たとえば、借家契約を締結したがトイレが故障していたという場合は、住宅を引き渡すだけでは賃借人は住居として使用することはできません。このとき、賃貸人はトイレの修繕義務を負います。

　修繕義務は、賃借人に対して賃貸物を使用・収益させる義務を果たす上でとても重要な義務です。前述の例では、賃貸人がトイレを修理し、住居として使用できる状態にした上で、賃借人に住宅を引き渡さなければなりません。さらに、賃貸物を引き渡した後も、後述するように賃貸人が賃貸物の修繕義務を負うことがあります。一方、賃貸物を引き渡した後は、賃借人が賃貸物の修繕義務を負うこともあります。

賃貸人が修繕義務を負う範囲

　修繕義務の対象はさまざまなものが考えられます。たとえば、住居として建物を使用する目的の借家契約であれば、トイレの修理、汚れた壁紙の張替え、割れた窓の交換などが挙げられます。その他、軒先にできた蜂の巣の駆除も修繕義務に含まれるでしょう。

　ここで問題となるのは、賃貸物の使用・収益に必要な修繕であれば、賃貸人はどのような修繕もしなければならないのかという点です。たとえば、賃借人の不注意で窓が割れた場合や、賃借人が部屋の中でタ

● 賃貸人の修繕義務の範囲 ………………………………………

修繕が必要な場合の具体例	賃貸人の修繕義務	賃借人の修繕義務
通常の使用中に壊れたトイレの修理	○	×
通常の使用中に汚れた壁紙の張替え	○	×
自然災害が原因で割れた窓ガラスの交換	○	×
軒先にできた蜂の巣の駆除	○	×
賃借人の不注意により窓ガラスが割れた場合の交換	×	○
賃借人のタバコが原因で汚れた壁紙の張替え	×	○

バコを吸っていたことが原因で壁紙が汚れた場合なども、賃貸人は修繕義務を負うのでしょうか。このような場合に賃貸人が修繕義務を負うとすると、賃貸人にとって酷だと考えられます。また、賃貸人が使用・収益させる義務を負っているとしても、どのような使用・収益も受け入れなければならないわけではありません。

　民法では、賃借人の帰責事由（責任を負うべき事由のこと）により修繕が必要になった場合、賃貸人は修繕義務を負わないと規定しています。したがって、賃借人の帰責事由により修繕が必要になった場合は、賃借人が修繕義務を負います。修繕義務については借地借家法に規定がないので、民法の規定に従うことになります。

　具体的に、賃借人が修繕義務を負う場合として、賃借人の不注意により窓ガラスが割れた場合、賃借人が部屋の壁を蹴飛ばして傷つけた場合、賃借人が部屋の中でタバコを吸っていたことが原因で壁紙が汚れた場合などが考えられます。これに対し、賃借人が通常の使用・収益をする中でトイレ・壁紙などの修理が必要になった場合は、賃借人に帰責事由がないので、賃貸人が修繕義務を負います。

　もっとも、賃借人の帰責事由により修繕が必要になったかどうかを判断することが困難なケースもあります。賃貸人としては、どのよう

な理由で修繕が必要になったのか、賃借人の話を十分に聞いた上で、どちらが修繕義務を負うとするのか、当事者双方が納得できるように話し合いをするべきでしょう。

賃貸人の修繕行為に対する賃借人の受忍義務

　賃貸人は賃貸物の修繕義務を負いますが、実際に賃貸物を所持しているのは賃借人です。たとえば、賃貸物が住宅である場合は、賃借人が居住することにより、その建物を所持している状態になります。そこで、賃貸人が修繕を行おうとした場合、賃借人が「居住に困っていないので修繕は必要ない」と言って、賃貸人による修繕を拒否することができるかが問題となります。

　賃貸物は賃貸人にとって重要な資産と考えられます。重要な資産である賃貸物の修繕行為を賃借人の都合で行えないとすれば、賃貸人にとって大きな不利益となります。民法では、賃貸人が修繕行為など賃貸物の保存に必要な行為を行おうとする場合、賃借人は、これを拒むことができないと規定しています。これを賃借人の受忍義務といいます。

　たとえば、賃貸物が住宅の場合、台風の影響で窓ガラスが壊れ、その窓ガラスを交換することは、住宅の保存に必要な修繕行為です。窓ガラスを修理しなければ、雨水などが住宅に入り込み、住宅として使用・収益できなくなる可能性があるからです。

　もっとも、賃貸人が修繕行為をする際に、賃借人の権利を侵害する場合もあります。上記の窓ガラスの交換をする場合、住宅の中に入らなければならなくなるケースもあるからです。これは賃借人のプライバシー侵害にもなりかねません。そのため、修繕行為をする場合は、賃借人のスケジュールなどの都合を考慮すべきでしょう。

　さらに、賃貸人が賃借人の意思に反して修繕行為など賃貸物の保存に必要な行為をしようとする場合、そのために賃貸物を借りた目的の

達成ができなくなるときは、賃借人は賃貸借契約を解除することができます。したがって、賃貸人としては、修繕行為に伴い賃借人が退去し、賃料収入を失う事態もあり得ることに留意が必要です。

賃借人に修繕権が認められる場合もある

賃貸人が賃貸物の修繕義務を負う場合において、賃貸人が賃貸物の修繕が必要なことに気づいていないとき、賃借人は、どのような行動をとることができるのでしょうか。この点について、民法では、一定の要件を満たすことを条件として、賃借人が自ら賃貸物を修繕することを認めています。これを賃借人の修繕権といいます。

賃借人の修繕権が発生する場合の１つ目は、修繕が必要であることを賃借人が賃貸人に通知した場合か、修繕の必要性を賃貸人が知っている場合で、相当の期間が経過しても賃貸人が修繕を行わないときです。相当の期間がどの程度の長さを必要とするかは、賃貸借契約の目的、賃貸物の形態、修繕の内容などによって異なります。

たとえば、賃貸物が住宅である場合、窓ガラスが壊れたときは、賃貸人に通知してから直ちに修繕してもらわなければ、住宅として使用・収益することが困難になります。一方、お風呂が壊れたときは、近くに銭湯などの代替施設があれば、通知から数日後の修繕であっても相当の期間といえる可能性があります。

賃借人の修繕権が発生する場合の２つ目は、急迫の事情がある場合です。賃貸物を借りた目的を達成するには、賃貸人に通知をする手間を省いてでもすぐに修繕しなければならないような場合が、急迫の事情にあたると考えられます。たとえば、窓ガラスが壊れ、数時間後に台風が直撃する予報がなされている場合には、窓ガラスの交換を賃借人が自ら行うことは、急迫の事情があるといえます。

修繕費用として負担する範囲

　賃借人の修繕権に基づいて賃借人が賃貸物の修繕をした場合、賃借人は、その修繕費用を賃貸人に請求することができます。本来は、賃貸人が自らの費用で修繕すべきところだからです。

　もっとも、賃借人が負担した修繕費用の全額を賃貸人に請求できるのかどうかは別の問題です。たとえば、賃貸物が一般的な住宅である場合で、台風で窓ガラスが割れたことを通知しても賃貸人が修繕しないため、賃借人が自らの費用で修繕したとします。このとき、窓ガラスを交換前より割れにくい高価なガラスに変更しても、賃貸人は修繕費用の全額を賃貸人に請求できるのでしょうか。

　賃借人が修繕権を行使できる場合は限られているとはいえ、どのような修繕費用も賃貸人負担とすれば、賃貸人が思わぬ高額な負担を強いられる可能性があります。そこで、民法では、賃貸物に生じる修繕費用などを必要費と有益費に分けています。詳細については後述しますので、ここでは簡単に説明しておきます。

　必要費とは、賃貸物の使用・収益に適した状態に維持・保存するための費用です。たとえば、住宅の窓ガラスの交換などは必要費にあたります。必要費を支出した賃借人は、賃貸人に対し、直ちに費用の支払いを請求できます。これに対し、有益費とは、賃貸物の改良のために支出した費用です。上記の交換前より割れにくい高価な窓ガラスに変更する費用などが有益費にあたります。有益費については、賃貸借契約の終了時に、改良による増価額が現存する場合に限り、賃貸人の選択に従い、実際の支出額または増価額のいずれかが賃借人に支払われることになります。このため、賃貸人は必ずしも修繕費用の全額を支払う必要がなくなります。

修繕費用の計算は適正に行う

　賃借人は、修繕権に基づいて自ら修繕するとしても、その費用は適

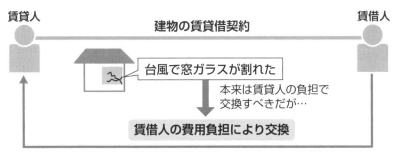

● 賃貸人負担の修繕費用を賃借人が負担した場合 ‥‥‥‥‥

賃貸人　　　　　建物の賃貸借契約　　　　　賃借人

台風で窓ガラスが割れた

本来は賃貸人の負担で
交換すべきだが…

賃借人の費用負担により交換

賃借人が負担した修繕費用の支払いを請求（費用償還請求権）

必要費：直ちに支払いを請求できる　（例）通常の窓ガラスに交換
有益費：賃貸借契約終了時に、改良による増価額が現存していれば、
　　　　　実際の支出額か増価額のいずれかの支払いを請求できる
　　　　　（例）より割れにくい高価な窓ガラスに交換

正な金額となるよう注意すべきです。たとえば、窓ガラスを防弾性の高価なガラスに交換するのは、通常は必要費・有益費どちらにもあたらず、賃貸人にその費用の請求ができないと考えられます。どのような修繕でも賃貸人が負担すべきとなれば、賃貸人の不利益が大きくなるからです。もっとも、適正な金額の判断は困難ですし、急迫の事情のときに賃借人が修繕権を行使することもありますが、適正な金額になるように複数の業者に見積もりをとることなどが求められます。

その他どんな問題点があるのか

　賃貸人の地位が移転した場合、賃借人は、新しい賃貸人か元の賃貸人のどちらに修繕費の支払いを請求すべきかが問題となりますが、民法では新しい賃貸人に請求すべきと規定しています。

　また、修繕費用の負担について民法と異なる定めをすることが可能かどうかが問題となります。賃借人に不利な合意が消費者契約法などの規定によって無効となることもありますが、民法と異なる定めも基本的には有効です。

2 必要費

必要費とは

　賃貸人は、賃借人に対し、賃貸物を使用・収益させる義務を負っています。賃貸物が賃貸借契約の目的に合った状態で、引渡しを受けた賃借人が直ちに使用・収益を行える状態であればよいのですが、そのまま引渡しをしても、賃借人が使用・収益を行えない状態である場合も考えられます。

　たとえば、賃貸物が住宅で、その住宅のトイレが故障している場合などです。この場合は、賃貸人は賃貸物の修繕義務を果たしてから、その賃貸物を引き渡すことが必要です。賃貸人が住宅のトイレを修理し、賃借人が使用・収益できる状態にしてから、その住宅を引き渡さなければなりません。この点は前述しました（⇨ P.52）。

　賃貸物の引渡し後は、その賃貸物が時間の経過とともに老朽化し、使用・収益を継続していると設備の故障が起きることもあります。このとき、常に賃貸人に依頼して修繕をしてもらわなければならないとすると、賃借人としては面倒です。そこで、民法では、賃貸人が修繕義務を負う場合で、賃借人自らが修繕したときに、その費用を賃貸人に請求できる制度を設けています。

　もっとも、どのような修繕行為であっても、その費用全額を賃貸人に請求できるとすると、賃貸人は思わぬ高額の請求を受ける可能性があります。そこで、民法では必要費という概念を設けています。必要費とは、賃貸物を使用・収益するのに適した状態に維持・保存するための費用のことです。賃借人の修繕行為が必要費にあたるときは、賃貸人に対し、直ちに費用全額の支払いを請求できます。

● 必要費

必要費	賃貸物を使用・収益するのに適した状態に維持・保存するための費用
具体例	・通常の使用中に故障したトイレの修理費用 ・台風が原因で割れた窓ガラスの交換費用 ・軒先にできた蜂の巣の除去費用 ・地震が原因でひび割れを起こした外壁の修理費用 など
判断基準	賃貸物の通常の使用・収益に必要な費用か否か ※大規模な修繕費などの必要費については、特約によっても賃借人負担とすることは認められない

必要費にはどのようなものがあるのか

　支出した費用が必要費にあたる場合として、通常の使用中に故障したトイレの修理、台風が原因で割れた窓ガラスの交換、地震が原因でひび割れを起こした外壁の修理、軒先にできた蜂の巣の除去などがあります。その他、周辺の土地が盛り土をしたため、賃貸物である土地がくぼ地になり雨水が入ってくることから、周辺の土地にあわせて盛り土をした費用も必要費にあたります。

　修繕を要した費用が必要費にあたるかは、賃貸物の通常の使用・収益にとって必要な費用かという点から判断されます。

賃借人負担とする特約は有効か

　必要費について、契約時に賃借人負担とする特約が設けられることがありますが、このような特約は認められるのでしょうか。

　必要費の請求は、賃貸物を賃借人に使用・収益させる賃貸人の義務に基づいています。どのような必要費でも賃借人負担とすると、賃貸人が賃貸物を使用・収益させる義務を怠っているといえます。そのため、軽微な修理費などの必要費を賃借人負担とすることは認められても、使用・収益のために必要不可欠な大規模な修繕費などの費用を賃借人負担とすることは認められないと考えられています。

3 有益費

有益費とは

　有益費とは、賃貸物の改良のために支出した費用のことです。たとえば、賃貸物が住宅である場合には、トイレにウォシュレット機能をつけるための工事費用や、割れにくい窓ガラスに交換する費用などが有益費にあたります。

　有益費にあたるのは、その費用の支出により賃貸物が改良されたこと、つまり賃貸物の価値が増加したことが必要です。たとえば、賃貸物である住宅の壁紙を自分の好みの絵柄に交換する費用は、これにより住宅の価値が増加したのであれば有益費にあたります。しかし、賃貸物である住宅をカフェ営業用に改造する費用は、住宅としての価値を増加させていないので、有益費にあたりません。

有益費償還請求について

　有益費を支出した賃借人は、賃貸人に対し、その費用の支払いを請求することができます。賃貸人からすると、有益費は賃借人による勝手な支出のようにも思われますが、改良によって賃貸物の価値が増加しているときは、賃貸人は賃借人の負担で不当に利益を得ることになります。そのため、民法では「賃貸人」の選択に従い、実際の支出額または改良による増価額（価値が増加した分の金額）のどちらかを賃借人が請求できると規定しました。これが有益費償還請求です。

　有益費償還請求をするには、賃借人が有益費を支払っており、賃貸借契約が終了したことが必要です。必要費と異なり、支出後すぐに請求できるとはしていません。その上で、有益費の支出による賃貸物の価値の増加が契約終了時に残っていることが必要です。

● 有益費 ....

有益費	賃貸物の改良のために支出された費用
具体例	・壁紙を自分の好みのものに交換して建物の価値を増加させた費用 ・トイレにウォシュレット機能をつけた費用 ・窓ガラスを割れにくいものに交換する費用
有益費 返還請求	賃貸人の選択に従い、実際の支出額または改良による増価額のどちらかを請求可能 【要件】賃借人が有益費を支払ったこと 　　　　賃貸借契約が終了していること 　　　　賃貸物の価値の増加が残っていること
賃貸人の 対抗策	賃貸借契約の特約により、賃借人が有益費をすべて負担すると規定することが可能

　たとえば、賃貸物が建物である場合で、賃借人が10万円の有益費を支出したとします。契約終了時に有益費の支出による建物の価値の増加が20万円であれば、賃貸人は支出額である10万円の有益費償還を選択するでしょう。反対に、建物の価値の増加が5万円であれば、増価額である5万円の支払いを選択するでしょう。

　このように、賃貸人は自らの選択によって、賃借人に支払う金額を減らす方向にもっていくことができます。

▌賃貸人の対抗策

　有益費償還請求は、賃貸人が賃借人の費用で不当に利益を得ることを防ぐために認められています。しかし、増築・改築などにより建物の価値が上がったとしても、賃貸人は賃貸物を常に監視しているわけではないため、知らない間に増築・改築などが行われ、契約終了後にその費用を請求されると困ることになります。

　有益費については「賃借人がすべて負担する」との特約を設けることができます。そのため、賃貸借契約を締結する時点で、有益費は賃借人が負担する内容を契約書に盛り込んでおくとよいでしょう。

A 原則として、買主が賃貸人の地位につくため、買主に請求することになります。

　建物の賃貸借契約（借家契約）において、賃借人が使用・収益するのに必要な建物の修繕を行うのは賃貸人の義務です。

　しかし、賃借人が建物の故障部分などを賃貸人に通知して修繕してもらうのに時間がかかる場合も少なくないため、急迫の事情などがあれば、賃借人が費用を支出して修繕を行うことができます（賃借人の修繕権）。

　この場合、修繕費を支出した賃借人は、賃貸人に対して、その費用の請求ができます。水漏れするトイレの修理など、建物の使用・収益に支障をきたす箇所を修繕する費用は必要費と呼ばれ、賃貸人は請求を受ければ直ちに支払わなければなりません。

　以下では、賃借人Aが水漏れするトイレの修理に支出した必要費を請求するというケースを前提に考えていきます。

　たとえば、賃借人Aが必要費の支払いを賃貸人Bに請求しようとしたところ、賃貸人Bがそれに先立って、第三者である買主Cに賃貸建物を売却していたとします。

　民法は、このように賃貸人が賃貸不動産を譲渡した場合の法律関係について規定を設けています。具体的には、賃貸不動産が譲渡された場合、賃貸人の地位は譲受人に移転するのを原則としています。つまり、不動産の買主が新たに賃貸人の地位につくことになります。ただし、賃貸人の地位が移転するのは、賃借人が賃借権を第三者に主張す

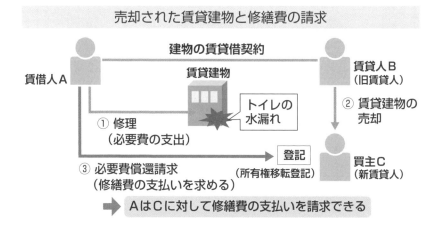

売却された賃貸建物と修繕費の請求

建物の賃貸借契約

賃借人A

賃貸建物

賃貸人B
（旧賃貸人）

トイレの
水漏れ

② 賃貸建物の
売却

① 修理
（必要費の支出）

登記
（所有権移転登記）

買主C
（新賃貸人）

③ 必要費償還請求
（修繕費の支払いを求める）

➡ AはCに対して修繕費の支払いを請求できる

るための要件（対抗要件）を備えている場合に限られます。たとえば、賃貸建物に関する賃借権の対抗要件は、賃借権の登記を経ているか、賃借人が賃貸建物の引渡しを受けていることが対抗要件となります。

前述の例で、賃借人Aは、買主Cが所有権についての登記を備えるより前に賃貸建物の引渡しを受けていれば、賃借権の対抗要件を備えていることになり、Cが新たな賃貸人としての地位につきます。

このような形で新たに賃貸人の地位についたCは、旧賃貸人Bの地位を引き継ぐことから、Aに対して賃料の支払いなどを請求することができます。ただし、賃貸不動産の買主などの譲受人が、自らが賃貸人であることを賃借人に対して主張するには、賃貸建物の所有権についての登記（所有権移転登記）を備えていなければなりません。

そして、Cは新しい賃貸人として、建物の修繕に必要な費用を負担する義務も負いますので、本ケースのように、Aが必要費を支出した場合には、Aは買主かつ新賃貸人であるCに対して、必要費の支払いを請求することができます（これを**必要費償還請求**といいます）。

4 賃貸物の一部使用不能

どんな場合があたるのか

　賃貸物の一部使用不能とは、賃貸物の一部について使用・収益ができない状態をさします。たとえば、地震が原因で建物の一部が傾いて使用・収益ができなくなる場合があります。賃貸借契約は賃借人に賃貸物を使用・収益させる契約であるため、一部使用不能になると目的に沿った使用・収益が十分にできなくなります。そのため、賃借人が支払う賃料をどのように扱うべきなのかが問題となります。

賃料は当然に減額される

　民法では、賃貸物が一部使用不能になった場合、賃借人が使用・収益をすることができなくなった部分の割合に応じて、賃料が減額されると規定しています。この場合の減額は、賃借人が請求しなくても当然に減額されることに注意を要します。賃料は賃貸物の使用・収益の対価として支払う金銭であり、使用・収益ができない部分について金銭的負担を求めるのは不公平だからです。

　たとえば、オフィス使用目的で建物の1階と2階を借りた場合、2階部分が火災で使用・収益できなくなれば、賃料は1階部分のみに減額されます。このとき、1階・2階を合わせて賃料を設定したため、2階が使用不能でも賃料が当然には減額されないとすると、賃貸人は使用・収益させる義務を果たしていないにもかかわらず、不当な利益を受けることになるからです。

　一部使用不能になった場合に当然に減額されるとしても、どの程度の減額が適切であるかは困難な問題です。前述の例のように、一部使用不能の範囲や賃料の設定方法が明確であればよいのですが、一部使

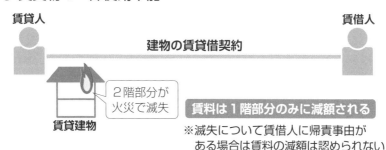

● 賃貸物の一部使用不能 ･･････････････････････････････････････

賃貸人

賃借人

建物の賃貸借契約

2階部分が
火災で滅失

賃貸建物

賃料は1階部分のみに減額される

※滅失について賃借人に帰責事由が
ある場合は賃料の減額は認められない

賃借人は賃貸借契約を解除することが可能な場合もある

⇒ 残った部分のみでは賃貸借契約を締結した目的を
達成できないことが要件となる

用不能が賃料にどの程度の影響を与えるのかは明確ではないことが多
いと考えられます。どの程度を減額するかについては、賃借人との間
で争いのないよう話し合うことが求められます。

賃借人に責任がある場合はどうなる

　賃貸物の一部使用不能について賃借人に帰責事由（責任を負うべき
事由のこと）がある場合、賃料は減額されません。たとえば、賃貸物
が建物の場合で、賃借人の火の不始末によって火災が発生し、建物の
一部が焼失して使用・収益が不能になったときは、一部使用不能につ
いて賃借人に帰責事由があるため、賃料は減額されません。

　賃貸人は、賃貸物を賃借人に使用・収益させる義務を負うことから、
賃貸物が一部使用不能になった場合、賃貸人には賃借人が使用・収益
できる状態に回復させる義務があるといえます。しかし、使用・収益
できる状態を回復できないのであれば、対価として得られる賃料が当
然に減額されても仕方ありません。しかし、一部使用不能について賃
借人に帰責事由がある場合にまで、賃料が当然に減額されるとするの
は賃貸人に酷だといえます。そこで、賃借人に帰責事由がある場合は

賃料が減額されないとしています。

　もっとも、建物が一部使用不能になった場合、その原因が賃借人にあるかどうかを判断することが容易でないことがあります。火の不始末で火災が発生したと思われるケースでも、本当に火の不始末があったかどうかを調べるのは困難です。賃貸人としては、賃貸物を直接使用・収益していないため、賃貸物の現状がわからないことも多いといえるでしょう。そのため、一部使用不能となった場合は、その原因を丁寧に調べる必要があります。具体的には、賃借人から事情を聴取することに加え、外部業者に調査を依頼するのがよいでしょう。

■契約を解除できる場合もある

　賃貸物が一部使用不能になった際に、賃借人が賃貸借契約を解除することができる場合があります。具体的には、残った部分のみでは賃貸借契約を締結した目的（賃借人が賃貸物を借り受けた目的）を達成できないときに、賃借人が賃貸借契約を解除することができます。

　たとえば、住居として使用・収益する目的で建物の賃貸借契約を締結した後、大地震が発生したため、リビングと風呂場が損壊したとします。他の部屋は使用可能であるとしても、リビングと風呂場が使用できない状態では、住居として使用・収益することは困難です。この場合、残りの部分では賃貸借契約を締結した目的を達成できないことから、賃借人は建物の賃貸借契約を解除することができます。

　賃貸借契約には一定の目的がありますが、この目的が達成できない場合にまで賃貸借契約に拘束されるとすると、たとえば、上記の例でいえば、賃借人は、建物の修繕工事が終了するまでの仮の住居を探さなければならず、不安定な状態に置かれます。一方、賃貸人はリビングと風呂場を修繕しなければならず、そのために多額の費用がかかることも多いといえます。そうであれば、賃借人から賃貸借契約を解除されたとしても、別の目的で土地を使用・収益する方が費用面でのメ

リットが十分にあると考えられ、解除によって必ずしも賃貸人が不利益を受けるとは限りません。

　なお、一部使用不能により賃貸借契約を締結した目的を達成することができないため、賃借人が賃貸借契約を解除する場合は、賃貸物の一部使用不能が賃借人の帰責事由によるか否かを問いません。賃借人に帰責事由があるときは、修繕費用や契約期間が続いていれば得られたはずの賃料など、賃貸人に生じている損害は、賃貸人から賃借人に対して損害賠償請求することで填補することができます。

　賃借人としても、一部使用不能の原因が賃借人にあるために賃貸借契約を解除できないとすると、賃貸人の対応によって賃貸借契約に拘束されるかどうかが決まることになり、非常に不安定な状態に置かれます。賃貸借契約は生活や仕事における重要な部分であり、不安定な状態に置かれると賃借人に不利益となります。そのため、一部使用不能について賃借人に帰責事由があっても、賃借人から賃貸借契約を解除することを認めています。

▌全部滅失の場合

　全部滅失の場合は、解除の意思表示などがなくても、当然に賃貸借契約が終了します。賃貸借契約は、賃貸物を目的に沿って使用・収益する内容の契約であるため、全部滅失により使用・収益できないのであれば、賃貸借契約が終了することも仕方ありません。たとえば、賃貸物である建物が火災により全焼した場合、建物の賃貸借契約は当然に終了します。さらに、この建物の火災が賃借人の責任で起こった場合も、契約は当然に終了します。建物が焼失した損害や将来得られたはずの賃料などの損害は、損害賠償請求の問題となります。

　賃貸借契約は、賃貸物の使用・収益に関する契約であるため、全部滅失により賃貸物を使用・収益できないのであれば終了するのです。

5 用法違反と賠償請求

どんな場合が用法違反にあたるのか

　賃借人は、賃貸物を使用・収益する権利をもっていますが、どのような使用・収益も許されるわけではありません。賃借人は、賃貸物の所有者ではなく、賃貸借契約で定められた目的の範囲内で使用・収益ができるだけで、その目的から外れた使用・収益はできません。たとえば、賃借人が住居目的でアパートの1室の賃貸借契約を締結したにもかかわらず、その部屋で飲食店を開くことは、許されません。

　さらに、目的による制限だけでなく、一般常識（社会通念）や当事者の契約内容から許されない使用・収益の方法もあります。たとえば、アパートの共用部分に個人の荷物を置くことや、ペット禁止の契約内容がある住居でペットを飼うことなどです。

　これら使用・収益の目的や方法に違反する賃借人の使用・収益のことを用法違反といいます。賃貸物の用法違反は、近隣住民に迷惑をかけるなど一般常識に基づく用法違反もありますが、飲食店の開業やペットを飼うことなど契約内容に基づく用法違反もあります。

契約解除や明渡し請求ができる場合

　賃借人の用法違反がある場合、賃貸人としては、直ちに賃貸借契約を解除して、賃貸している建物などの明渡しを請求することを考えると思います。しかし、用法違反があっても当然に賃貸借契約を解除できるとは限りません。賃貸借契約を解除するためには、当事者間の信頼関係が破壊されたといえる状態でなければなりません。これを信頼関係破壊の法理といいます。信頼関係破壊の法理は、多少の用法違反を理由に賃貸借契約が解除されると、住居などを失うことになる賃借

● 用法違反と賠償請求 ‥‥‥‥‥‥‥‥‥‥‥‥‥‥‥‥‥‥‥‥‥

賃貸人　　　　　　　　　　　　　　　　　　　　　賃借人

建物の賃貸借契約

【ペット禁止】

(例) 賃借人が禁止されているペットを飼育していた

⇒ 賃借人の　**用法違反**

★ **賃借人の行為が信頼関係を破壊しているといえる**
　⇒ 賃貸人は賃貸借契約を解除することが可能

★ **賃借人の用法違反により損害が発生した**
　（ペットの爪がフローリングを傷つけた）
　⇒ 賃貸人は損害賠償請求を行うことが可能

人にとって多大な不利益となる点から、とくに賃借人を保護するために生み出された最高裁判所の判例によって認められている法理です。

　具体的に、信頼関係が破壊されたかどうかは、用法違反の程度や賃借人が改善しようとしているかなど、さまざまな事情を考慮して判断されます。たとえば、賃借人の騒音がひどく（用法違反）、周りの住民から苦情が多数出ており、賃貸人が何度注意しても聞く耳を持たない場合には、信頼関係が破壊されたと判断されやすいといえるでしょう。

▌損害賠償請求ができる場合

　賃借人が用法違反をしており、これによって賃貸人に損害が生じた場合は損害賠償請求ができます。たとえば、住居目的で賃貸借契約を締結し、契約書にペット禁止と記載されているにもかかわらず、賃借人が猫を飼い、その猫がフローリングを爪で傷つけた場合、賃貸人の所有物である住居に損害が発生したといえます。このとき、賃貸人は賃借人に対して損害賠償請求できます。ただし、用法違反を理由とする損害賠償請求は、賃貸人が賃貸物の返還を受けた時から1年以内に行使しなければなりません。

入居者がボヤを出したときの責任

　借家契約に基づき賃借人が建物を使用・収益している際の帰責事由（落ち度）により、ボヤ（小規模な火事）が発生して建物が部分的に滅失し、あるいは建物全体に火がまわって焼失することがあります。

　借家契約をはじめ賃貸借契約において、賃借人は、賃貸物の性質に応じた用法を守り、その使用・収益を行う義務を負います。これを善管注意義務といいます。賃借人が建物を部分的に滅失させ、あるいは建物の全体を滅失させた場合には、善管注意義務に違反したとして賃借人の債務不履行にあたると評価できます。

　したがって、賃貸人は、帰責事由のある賃借人に対して、債務不履行に基づく損害賠償請求ができます。一方、賃貸借契約の解除については、賃貸人に対する背信的行為と評価できる場合に限定されます（信頼関係破壊法理）。なお、賃貸物の全体が滅失したときは、それが賃借人の帰責事由によるとしても、解除することなく賃貸借契約が当然に消滅します。

　とくに損害賠償請求に関しては、建物の損害が大きい場合に賃借人の経済力を超える賠償が生じることがあります。その場合は、賃貸人が必要な賠償を受けることができなくなります。このような賃貸人の不利益の防止するため、借家人賠償責任保険という保険商品がありますので、借家契約の締結時に、特約により借家人賠償責任保険への加入を義務づけておくとよいでしょう。

　借家人賠償責任保険とは、賃借人が借りている建物に損害を与えた場合における、建物の賃貸人に対する損害賠償金を補償するための保険のことです。借りている建物の火災保険（家財保険）とセットで加入するのが一般的です。

第4章

賃貸借とお金の
法律問題

1 地代・家賃

地代・家賃とは

　賃料は、賃貸借契約に基づき、賃借人が賃貸物を使用・収益した対価として賃貸人が得ることができる金銭です。賃貸物が土地・建物どちらでも発生します。賃貸物が土地である場合の賃料のことを地代、建物である場合の賃料のことを家賃と呼ぶのが一般的です。借地借家法では、土地や建物の賃料のことを借賃と規定しています。

地代・家賃には相場がある

　地代・家賃には相場があります。とくに土地・建物については、日々契約がなされているため、地代・家賃を決定する上での参考になる事例が数多く存在します。相場を知っておくことは、賃貸人にとっても賃借人にとっても重要です。たとえば、マンションの賃料を相場よりも高額に設定していると賃借人が決まりません。賃借人も相場を知っておくことで、土地・建物を借りて生活するのにどの程度のお金がかかるのか、どの物件が自分にとって有利か、などを判断することができるようになります。

　地代・家賃の相場は、土地・建物の所在地や管理状況など、さまざまな要因が影響します。たとえば、借家契約を締結する場合の家賃について見ると、最寄り駅や都心など中心部からの距離が相場に影響します。都心へのアクセスが良い建物は利便性がよく、とくに住宅の場合は住みやすいといえることから、家賃が高くなることが考えられます。その他にも、築年数、設備、構造なども相場に影響します。築年数が浅く堅固な建物は、新しく長持ちすることが見込まれるため、家賃が高くなります。建物を建設する目的で借地契約を締結する場合の

● 賃料増減請求権

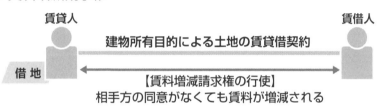

建物所有目的による土地の賃貸借契約

賃貸人　　　　　　　　　　　　　　　　　　　　　　賃借人

借 地

【賃料増減請求権の行使】
相手方の同意がなくても賃料が増減される

賃料増減請求権の行使が認められる場合【土地】

① 土地に対する税金などが増減した場合
② 経済事情の変化により土地の価格が変動した場合
③ 周辺の土地と比較して賃料が不相当な場合

地代については、最寄り駅や中心部からの距離などが大きく影響します。

賃料（借賃）増減請求権とは

　地代・家賃は、不動産賃貸借契約を有効に成立させるため、必ず定めなければならない事項です。そのため、賃貸借契約を締結する時に、当事者の合意によって賃料の額が決定されます。

　しかし、契約締結時に当事者が同意し、相場に基づいた妥当な賃料であったとしても、年月の経過によってその賃料が妥当ではなくなることがあります。たとえば、大規模な開発によって周辺の土地・建物の賃料相場が上昇した場合には、当初定めた賃料では少額すぎることになります。反対に、過疎化によって周辺の土地・建物の賃料相場が下落した場合には、賃料が不当に高額の状態になります。このような状況でも当初定めた賃料のままであり、変更するには賃貸借契約を締結し直さなければならないとすることは煩雑です。

　そこで、借地借家法では賃料（借賃）増減請求権を規定しています。賃料増減請求権は、借地契約または借家契約について認められている制度で、賃貸人・賃借人のどちらから請求することもできます。

　本来、賃料は当事者の合意により決定するものであるため、経済状

況などが変化しても、当事者が合意によって賃料を変更することは可能です。これに対し、借地借家法が規定している賃料増減請求権は、合意がなくても賃料の増減を可能とする規定で、一方当事者が行使することで賃料の増減を確定させることができます。

このように賃料増減額請求権は、一方当事者の行使だけで賃料が増減されるという強力な効果をもっています。そのため、賃料増減請求権を行使できるのは、①土地・建物の税金などが増減した場合、②経済事情の変化により土地・建物の価格が変動した場合、③周辺の土地・建物と比較して賃料が不相当な場合のいずれかに限定しています。

また、賃料増額請求権は、将来の賃料に対してのみ行使することができます。賃料について当事者が合意している以上、相場より安くても過去の賃料は合意した額で確定しています。過去の賃料まで賃料増額請求権を行使できるとすると、賃借人は支払済みの賃料の増額を請求され、賃貸人は受領済みの賃料の一部返還を求められ、当事者の双方とも大きな負担を強いられかねないからです。

さらに、「一定期間は賃料を増額しない」との特約がある場合、その期間内は賃料増額請求権の行使ができないことにも注意を要します。

なお、賃貸借契約を締結するときに、賃料の自動改定特約を設けることがあります。賃料の自動改定特約とは、たとえば「賃料は３年ごとに３％上げる」という内容の特約のことです。賃料の自動改定特約は、当事者の合意があれば有効ですが、この特約によって賃金増減請求権の行使が制限されるわけではありません。

賃料の自動改定特約は、一定期間内に賃料が増額すると見込まれるのであれば、賃料増額の交渉などを経ずに相場に合った賃料の確保ができることがメリットです。賃料の自動改定特約を設ける場合、契約当初は相場よりも安く賃料を設定し、徐々に賃料を相場と同程度になるようにするのが一般的です。これによって、賃貸人は賃借人を確保しやすくすることができます。

賃料の値上げはどの程度まで認められるか

　賃料の上限や下限については、法律などで制限されていません。そのため、相場よりも高額な賃料であっても、当事者が合意しているのであれば、原則として有効なものとして認められます。

　賃貸人の側は、賃料増額請求権を行使するのが通常ですが、あまりに相場からかけ離れた高額な賃料を請求しても、賃借人は納得しないでしょう。賃料増減請求権は、一方当事者の行使のみによって成立すると説明しましたが、増減後の賃料の額は、賃料増減請求権を行使した当事者が主張する額で決定するわけではありません。賃料増減請求権を行使しても、増減後の賃料の額は当事者の協議で決定します。

　増減後の賃料の額について協議が調わないときは、訴訟の前に民事調停にかけられます。民事調停とは、裁判所において当事者の合意を図る手続のことです。民事調停でも合意ができなければ、訴訟を提起して裁判所の判決によって増減後の賃料を確定します。

　たとえば、賃貸人が月10万円の建物の賃料について賃料増額請求権を行使して、賃料の増額幅が争いになったとします。このとき、当事者間の協議や民事調停・訴訟の手続がなされている間、賃借人は自らが相当と認める月10万5000円を賃貸人に支払うことで、賃料不払いを回避することができます。相当と認める額は、少なくとも増額前の賃料以上の額であることが必要とされています。

　その後、賃料増額請求権の行使から1年後に、増額後の賃料が月11万円と確定したとします。このとき、賃貸人は賃借人に対し、賃料増額請求権の行使後における増額後の賃料と相当と認める額との差額6万円（1年分の賃料の差額）に年1割の利息を付した6万6000円を支払うよう請求できます。

共益費・管理費

共益費・管理費とは

　賃貸物件のチラシなどを見ると、毎月支払わなければならない料金として、賃料の他に共益費や管理費が設けられていることがあります。

　共益費とは、建物の共用スペースの維持・管理などのために必要な費用です。たとえば、賃貸マンションのエレベーターや廊下の清掃や補修に必要な費用などをさします。共用スペースは、建物の居住者全員が使用・収益しているため、全員でその費用を負担した方が1人あたりの負担も少なく不満も出にくいからです。

　管理費とは、建物の維持・管理のために必要な費用です。たとえば、賃貸マンションの場合は、賃貸人自身でなく管理会社にマンションの維持・管理を委託することがあります。その場合に、管理会社に対して支払う委託費用などが管理費にあたります。

　共益費と管理費が賃料とは別に設けられているのは、共益費と管理費について個別に値上げ交渉ができるようにするためです。賃料に含まれていれば、賃料の値上げ交渉になってしまい、賃料増減請求の対象になるなど、値上げするためのハードルが高くなります。また、賃料と共益費・管理費を別にすることで、賃料を安く見せることができます。しかし、安く見せるといっても、賃料を相場から大幅に安くして、共益費・管理費を相場よりも著しく高額に設定することは、賃借人の利益を一方的に害するとして消費者契約法に基づき無効を主張される可能性があります。

増額請求は認められるか

　たとえば、マンションのエレベーターを改装した結果、管理費用が

● 共益費・管理費 ・・

賃貸人　　　　　　　　　　　　　　　　　　　　　　　　賃借人

建物の賃貸借契約

賃料の支払い ＋ **共益費・管理費** の支払い
（賃料とは別に設定されている）

共益費：建物の共用スペースの維持・管理などを
　　　　行うために必要な費用
　（例）マンションのエレベーター・廊下の清掃や補修に
　　　　必要な費用　など

管理費：建物自体の維持・管理に必要な費用
　（例）管理会社への委託費用　など

★ **共益費・管理費も賃借人に対して増額の交渉が可能**

従来より高くなることや、マンションの管理会社の委託料が値上がりすることなどがあります。このような場合、賃貸人は、共益費・管理費の増額を請求することができます。共益費や管理費の額は、賃料と同様に、当事者の合意により決定される金銭であるため、賃貸人としては、増額の必要があれば賃借人と交渉する必要があります。

　共益費や管理費の増額については、賃貸借契約の締結時に定めておくこともできます。たとえば、賃貸借契約書に「マンションの集会において共益費・管理費の増額・減額が決議されたときは、賃借人の共益費・管理費も増額・減額される」という規定などです。

■ 共益費や管理費の増額が訴訟に発展することも

　共益費・管理費についても、当事者間で合意できなければ、訴訟に発展する可能性があります。賃貸人としては、なぜ共益費・管理費の増額が必要であるか十分に説明し、納得してもらえるようにしましょう。訴訟に発展したときのため、共益費・管理費の使途について帳簿をつけるなど明確にしておくとよいでしょう。

3 賃料の不払い

賃料不払いの原因の多くは借金か収入不安定

　賃料を支払わない、あるいは支払うことができない原因は、賃借人が多額の借金を抱えているなどして、手持ちのお金が不足している状況であることが多いといえます。

　このような賃料の不払いの状況を改善するためには、80ページで後述するように、不払いの状況になった後の対応も重要ですが、契約締結時の段階で注意することも重要です。つまり、賃貸人としては、賃料を継続的に支払うことのできる賃借人であるか、あるいは、連帯保証人を立てることを賃借人に要求する場合には、どのような人が連帯保証人になるのかを、しっかり見極める必要があります。賃借人が賃料を支払わないなどの姿勢を見せた場合には、賃貸人は、連帯保証人に対して賃料の支払いを請求することにより、賃料を回収することが可能です。

　もっとも近年では、賃貸借契約を締結する際に機関保証を利用することも増えています。機関保証とは、おもに家賃保証会社（⇨ P.44）が連帯保証人となる保証のことです。家賃保証会社は、賃借人の請求により賃貸人と連帯保証契約を締結します。このとき、家賃保証会社は賃借人が賃料の支払能力があるかどうか審査して、賃借人に支払能力がないと判断すれば連帯保証契約の締結を断ります。賃貸人としては、家賃保証会社の審査を参考に賃借人の支払能力について判断することもできます。また、実務的には、機関保証を利用することにより、賃貸人は、賃料を回収できないというリスクから解放されます。なぜならば、個々の契約により異なる点もあるため注意が必要ですが、多くの機関保証においては、賃借人が賃料を不払いの場合には、家賃保

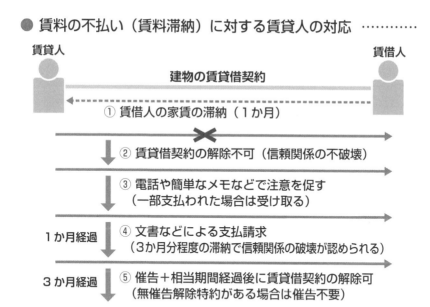

● 賃料の不払い（賃料滞納）に対する賃貸人の対応 …………

賃貸人　　　　　　　　　　　　　　　　　　　　　　　　賃借人

建物の賃貸借契約

① 賃借人の家賃の滞納（1か月）

② 賃貸借契約の解除不可（信頼関係の不破壊）

③ 電話や簡単なメモなどで注意を促す
　　（一部支払われた場合は受け取る）

1か月経過　④ 文書などによる支払請求
　　　　　　（3か月分程度の滞納で信頼関係の破壊が認められる）

3か月経過　⑤ 催告＋相当期間経過後に賃貸借契約の解除可
　　　　　　（無催告解除特約がある場合は催告不要）

証会社が賃貸人に対して、賃料相当分の金額を支払います。そのため、賃貸人としては、賃料を回収することが可能になるからです。その後、家賃保証会社が賃借人に対して、賃料相当額（手数料などを加えることが通常ですが）の支払いを請求することになりますので、賃貸人は賃料回収の手間から解放されます。

賃料を支払わない場合にどう対処するか

　賃貸借契約は、当事者間の信頼関係により成り立っている継続的な契約なので、債務不履行が認められても、当事者間の信頼関係が破壊されている状態でない限り契約解除ができないとするのが最高裁判所の考え方です。これを信頼関係破壊の法理といいます。

　たとえば、賃料の不払いは債務不履行のうち履行遅滞（支払いが遅れた状態にあること）にあたります。しかし、賃料の不払い（賃料の滞納）が1か月分にとどまる場合や、何度か賃料の支払いが遅れたことがある程度にとどまる場合であれば、通常は当事者間の信頼関係が

破壊されたとは認められません。

　そこで、賃料を支払わない賃借人に対する対応をしっかり行うことが重要です。賃借人が賃料を支払わない場合に、賃貸人が行うべき対応としては、いくつかの段階があります。

　まず、賃料滞納の直後は、電話や簡単なメモなどで、賃料の支払いが行われていないことについて注意を促します。賃借人としては、たまたま忘れていたり、諸事情によりその月だけ賃料の支払いが遅れたりすることもあります。いきなり賃貸人から契約解除を前提とした対応をされると、感情的なトラブルに発展する可能性もあります。そのため、賃借人の様子を伺う意味でも、電話や簡単なメモなどを用いて、賃料滞納の事実を知らせることが大切です。

　電話やメモなどで賃料滞納を知らせたときに、賃借人が賃料の一部支払いを申し出たときは、これを受け取るべきです。また、賃借人から「支払いを待ってほしい」と言われた場合は、いつまでに支払うことができるか明確にさせることが大切です。

　賃料滞納から1か月経過しても不払いの状態が続く場合は、今後の支払いが期待できない状況に近づいています。そこで、後の訴訟などの際に証拠として利用できる文書や電子メールを用いて、直ちに支払うよう請求します。文書や電子メールでの支払請求は、賃料滞納が2か月経過した後も同様に行います。このとき、連帯保証人がいれば、同様に請求をしておくことが必要です。

　以上の手段を講じても、賃料滞納から3か月以上経過して不払いの状況が続く場合は、いよいよ契約解除に向けた手続を進める段階に入ります。3か月以上の賃料滞納は、当事者間の信頼関係が破壊された状態であると裁判所が認める傾向があるからです。そこで、3か月以上の賃料滞納があること、相当期間内に支払うように催告すること、相当期間内に支払わなければ賃貸借契約を解除することを内容証明郵便で送付するとよいでしょう。内容証明郵便は、どのような内容の文

書が、誰から誰に対して送付されたかを郵便局によって証明してもらえる郵便です。内容証明郵便に配達証明をつけて発送することで、賃借人に受け取っていないとの主張をさせないことができます。

　なお、賃貸借契約に無催告解除特約を設けている場合は、当事者間の信頼関係が破壊された状態に達していれば、前述したような相当期間を定めた催告をせずに直ちに賃貸借契約の解除ができます。

滞納賃料の遅延損害金について

　遅延損害金とは、金銭の支払いが遅れることによって生じた損害を賠償するために支払われる金銭です。遅延損害金は、当事者の合意により定めることができます。たとえば、賃貸借契約の締結時に「賃料の支払いが遅れた場合は、遅延損害金として賃料の10%を請求する」などと定めておくことができます。

　遅延損害金は当事者の合意によって設定できますが、あまりに高額の遅延損害金を設定すると、遅延損害金に関する定めが無効とされることがあります。具体的には、賃貸人が事業者、賃借人が消費者の場合は消費者契約法が適用されるため、年利14.6％を超える遅延損害金を定めると、その超える部分が無効となります。

　以上に対し、当事者間で遅延損害金を設定していない場合は、年利３％の法定利率（令和２年４月以降）により遅延損害金が計算されます。法定利率は３年ごとに１％単位で見直される変動制であるため、令和５年４月以降は法定利率が変わる可能性があります。

　遅延損害金について、賃貸人は損害が発生した事実を証明する必要がありません。金銭については、持っているだけで利益があると考えられており、支払われていない事実のみで損害が認められるからです。また、金銭はすぐに準備が可能で、支払いも容易であるため、期日までに支払わなければ、その原因が天災など不可抗力であっても履行遅滞になるという特徴をもっています。

Q 内容証明郵便の書き方や出し方について教えてください。

A 郵便局が定める書式に従って作成する必要があります。

　内容証明郵便は、相手方に差し出した文書の存在だけでなく、その内容もあわせて証明してもらうことができるため、相手方に一定の請求や通知などを行った証拠を残す手段として、幅広く利用されています。内容証明郵便を作成する際には、郵便局が定めるルールに従わなければなりません。

　まず、文字数・行数が定まっています。縦書きの場合は「1行20字以内、1枚26行以内」で作成しなければなりません。横書きの場合は「1行20字以内、1枚26行以内」「1行13字以内、1枚40行以内」「1行26字以内、1枚20行以内」の3種類の中から、いずれかの書式に従って作成します。用紙や筆記用具についてのルールはありませんので、手書きでもかまいませんし、パソコンなどで作成することも可能です。

　文字に関しては、ひらがな、カタカナ、漢字、数字、句読点の他に、「％」「kg」「㎡」などの一般的な記号が使用可能です。英字については、固有名詞を記載する場合に限り使用可能です。

　書面の体裁としては、①タイトル（表題）、②差出人・受取人（相手方）の住所・氏名（名称）、③本文、という構成をとるのが一般的です。必ずしもこの構成に従うことを要しませんが、誰を相手方として、どのような請求や通知などをするのかが明確になるように記載する必要があります。法律上の根拠を記載することも有効です。また、要求に対して相手方が従わない場合に、どのような措置をとる可能性があるのか、「本書面受領後○日以内」など具体的な期限を示した上

家賃支払請求書

下記建物の賃貸借契約において、貴殿は令和○年○月分から現在に至るまで、家賃合計○○万円の支払いを滞納しております。

つきましては、本書面到達後7日以内に滞納家賃全額をお支払い下さい。同期間内にお支払いがない場合、改めて通知をなすことなく、当然に本賃貸借契約を解除致します。

> 本文例では、滞納家賃の支払いに応じない場合を見据えて、賃貸借契約の無催告解除の通知に関して記載している

> 賃貸借契約の解除に関して記載せず、滞納家賃の支払いを催促する文面を送付した場合には、賃借人が期間内に支払わないときに、別途賃貸借契約の解除通知の書面を送付する必要がある

記

1 賃貸物件：東京都新宿区○○町○丁目○番○号○○ハイツ○○○号室
2 家賃：月○○万円
3 支払期日：毎月月末限り翌月分を支払う

令和○年○月○日

東京都渋谷区○○町○丁目○番○号
○○○○　㊞

東京都新宿区○○町○丁目○番○号○○ハイツ○○○号室
□□□□　殿

> 本例では、受取人を文末に記載しているが、文頭に記載することも可能である

で、明記しておくとよいでしょう。

　内容証明郵便を送付する場合には、所定の利用料金がかかります。郵便物を相手方に配達した事実を証明してもらうことができる「配達証明」をあわせて利用するのが一般的です。

4 賃料の消滅時効

賃料の消滅時効とは

　賃貸借契約を締結する際、賃料をいつまでに支払うべきか、賃貸借契約書に定めるのが一般的です。しかし、賃料を支払わないまま一定期間が経過すると、賃借人の賃料支払義務が消滅して、以後は賃料を支払う必要がなくなる場合があります。このような制度が賃料の消滅時効です。賃料が消滅時効によって消滅するのは、一定期間が経過した上で、賃借人などによって消滅時効の援用が行われた場合です。消滅時効の援用とは、一定期間が経過した後、賃借人などが賃貸人に対して「賃料が時効により消滅したから、消滅した分の賃料は支払わない」という内容の意思を告げることです。

　さらに、消滅時効の援用をする前提として「一定期間の経過」が必要です。民法では「一定期間」について、①権利を行使できることを債権者（賃貸人）が知った時から5年間、②債権者が権利を行使できる時から10年間と定めています。そして、①または②のどちらか一方の期間が経過すると「一定期間の経過」が認められます。賃貸人としては、請求し忘れて、賃料債権が消滅時効にかからないように注意しなければなりません。

　たとえば、2020年6月30日までに支払うべき7月分の賃料があったとします。このとき、賃貸人が2020年7月31日に賃料を請求できることを知れば、①の適用により、2025年7月31日の満了をもって一定の期間が経過したことになります。これに対し、賃貸人が賃料を請求できるのを知らずにいても、②の適用により、2030年6月30日の満了をもって一定期間が経過したことになります。

● 賃料の消滅時効 ···

賃貸人　　　　　　　　　　　賃貸借契約　　　　　　　　　　　**賃借人**

【賃料】「前月の末日までに翌月分を支払うとの特約」

（例）2020年7月の賃料 ⇒ 2020年6月30日までに支払い

賃料の消滅時効
「<u>一定期間が経過したこと</u> ＋ 消滅時効を援用することが必要」

① **権利を行使できることを債権者が知った時から5年間**
　⇒賃貸人が 2020年7月31日に賃料を請求できることを知れ
　　ば、2025年7月31日の満了をもって、2020年7月分の
　　賃料は一定の期間が経過したことになる
② **債権者が権利を行使できる時から10年間**
　⇒賃貸人が賃料を請求できることを知っていたかどうかにかか
　　わらず、2030年6月30日の満了をもって、2020年7月
　　分の賃料は一定期間が経過したことになる

▐ 時効の完成猶予・更新とは

　消滅時効については、一定の事由があるときに、時効の完成を先延
ばしにする制度があります。それが時効の完成猶予です。これに対し、
一定の事由があるときに、進行中の時効期間がゼロに戻り、新たに進
行を始める制度もあります。それが時効の更新です。

① **裁判上の請求・即決和解などによる完成猶予・更新**

　裁判上の請求とは、訴訟を提起して賃料の支払いを請求することで
す。即決和解（訴え提起前の和解）とは、賃料の支払いに関して簡易
裁判所に和解の申立てをすることです。これらの手続が行われている
間は、時効の完成が先延ばしされます（完成猶予）。

　その後、裁判上の請求の場合は確定判決、即決和解の場合は和解調
書によって権利が確定した、つまり賃料を支払ってもらうことが確定
したときは、その時から時効期間がゼロに戻り、新たに時効の進行が
開始されます（更新）。反対に、権利が確定しなかった、つまり賃料

を支払ってもらうことが確定しなかったときは、手続が終了した時から6か月経過まで時効の完成が先延ばしされます（完成猶予）。

② 催告による完成猶予

催告とは、裁判上の手続を利用しないで賃料の支払いを請求する行為です。具体的には、「〇月〇日までに支払え」というように、期限を示した上で、賃貸人が賃借人に対して、賃料の支払いを求める書面を送付する方法によって行われます。催告は、内容証明郵便が用いられることが多いといえます。催告が行われると、催告があった時から6か月間、時効の完成が先延ばしされます（完成猶予）。

③ 協議を行う合意による完成猶予

賃貸人と賃借人との間で、未払いの賃料について協議を行う合意を書面でした場合は、合意があった時から1年経過までの間、時効の完成が先延ばしされます（完成猶予）。ただし、1年未満の協議期間を定めたときは、先延ばしされるのが協議期間を経過するまでの間に短縮されます。さらに、先延ばしされている期間内に、あらためて書面での協議を行う合意を繰り返すことが可能です。その場合は、最大で本来の時効期間の満了時から5年を超えない範囲内で、時効の完成が先延ばしされます（完成猶予）。

④ 強制執行などによる完成猶予・更新

強制執行とは、賃料回収のため、差し押さえた賃借人の財産を強制的に競売にかけ、その売却代金から賃料を得るための手続です。強制執行の手続が終了するまでの間、時効の完成が先延ばしされます（完成猶予）。その後、強制執行の手続が終了した時から時効期間がゼロに戻り、新たに時効の進行が開始されます（更新）。

⑤ 仮差押え・仮処分による完成猶予

賃料回収のため、賃借人の財産を仮に差し押さえておくのが仮差押えであるのに対し、賃借人が財産を勝手に処分するのを仮に禁止するのが仮処分です。これらの手続が終了したときから6か月経過までの

● 時効の完成猶予・更新 ………………………………………

事　　由	時効の完成猶予の期間	時効の更新が生じる場合
①裁判上の請求・即決和解など	裁判上の請求・即決和解などの手続が行われている間	裁判上の請求の場合は確定判決、即決和解の場合は和解調書によって、権利が確定したとき
	裁判上の請求や即決和解などの手続で権利が確定しなかったときは、手続が終了した時から6か月経過までの間	
②催告	催告があったときから6か月経過までの間	
③協議を行う合意	原則として協議を行う合意があったときから1年経過までの間	
	完成猶予期間中に書面での協議を行う合意を繰り返すことが可能で、最大で本来の時効期間の満了時から5年を超えない範囲内で、時効の完成が猶予される	
④強制執行など	強制執行の手続が終了するまでの間	強制執行の手続が終了したとき（申立ての取下げなどがあった場合を除く）
⑤仮差押え・仮処分	仮差押え・仮処分の手続が終了したときから6か月経過までの間	
⑥権利の承認		権利を承認したとき（支払猶予の申し出や一部弁済など）

間、時効の完成が先延ばしされます（完成猶予）。

⑥　権利の承認による更新

　賃借人が賃料の全部または一部を支払ったり、賃料の支払猶予の申し出をしたりするなど、賃料の存在を認めると、その時から時効期間がゼロに戻り、新たに時効の進行が開始されます（更新）。権利の承認は、①～⑤に比べても容易な手段なので、消滅時効の進行を止めるために最もよく利用されます。

5 転貸禁止・賃料の不払い と解除

賃貸借契約は債務不履行があっても直ちに解除できない

賃料を支払うことは、賃借人の中心的な義務だといえます。そのため、賃料の不払いは、賃借人の債務不履行にあたり、賃貸人が賃貸借契約を解除する原因のひとつとなります。

しかし、賃貸借契約には、解除を簡単に認めることができない側面があります。賃貸人が賃貸借契約を解除することは、賃借人の生活を脅かすことにもなり得るからです。たとえば、居住目的の建物の賃貸借契約の場合、これが賃貸人によって解除されると、賃借人は居住場所を突然失うことになります。飲食店経営を目的とする建物の賃貸借契約の場合であれば、これが賃貸人によって解除されると、賃借人は収入を得る手段を失うことになりかねません。

また、賃貸借契約には、賃貸人と賃借人の間の継続的な信頼関係に基づいて成り立っているという特徴があります。賃料の未払いなど債務不履行があったとしても、賃貸人と賃借人の間の信頼関係が揺らいでいないのであれば、賃貸借契約を継続すべきです。しかし、賃料の未払いが長期にわたるなど賃貸人と賃借人の間の信頼関係が破壊された状態であれば、賃貸借契約に拘束させるべきではなく、その解除を認めるべきだといえます。

無断転貸禁止に違反した場合の解除

賃貸借契約に基づき、賃借人はさまざまな義務を負います。たとえば、賃貸人の承諾を得ずに、賃貸物を他人に貸与してはならないという無断転貸禁止も賃借人が負う義務のひとつです。

誰が賃貸物を使用・収益するかは、賃貸人にとって大きな関心事で

● 解除原因の比較 ……………………………………………………

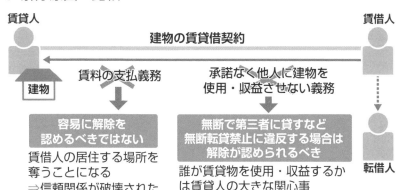

あるため、賃貸人の承諾を得ずに賃貸物を他人に使用・収益させることを禁ずる無断転貸禁止への違反は、賃貸借契約の解除原因となります。そして、賃借人が無断転貸禁止に違反する場合、賃貸人は、賃借人への催告をせず直ちに賃貸借契約の解除ができるとされています。

　しかし、賃貸物が住居である場合に、賃借人が引っ越した後、同居していた子どもに引き続き使用・収益させる場合や、個人の名義で店舗を賃借して経営していた賃借人が、自らが唯一の株主かつ代表取締役である株式会社を設立し、その株式会社に使用・収益させる場合などは、必ずしも賃貸借契約を解除できるとは限りません。これらの場合は、実質的に使用・収益する者が変わっておらず、賃貸人の承諾なく使用・収益させたとしても、信頼関係を破壊するほどの変更ではないと判断される可能性があるからです。

▌賃料の不払いの場合の解除

　賃料の支払いは、賃借人の中心的な義務ですが、一度支払いを怠っただけでは解除の理由となりません。賃貸人からすると、一度でも支払いを怠れば、賃借人との信頼関係は破壊されたと言いたくなるかも

しれません。しかし、過去の最高裁判所の判例を見る限り、一度だけの賃料の不払いでは信頼関係が破壊されたといえないと判断されるでしょう。賃料の不払いによって信頼関係が破壊されたというためには、ある程度の期間、賃料の不払いが継続していることが必要です。つまり、「何度も賃料を支払うチャンスを与えたのに、一向に賃料を支払わない賃借人はもう嫌だ！」という状態にならないと、信頼関係が破壊されたとはいえないのです。

　信頼関係が破壊されたと判断されるためには、毎月賃料が発生する賃貸借契約で、少なくとも3か月分の不払いが必要とされています。しかし、常に3か月が必要というわけではなく、賃貸借契約の内容、賃借人の不払いの状況などで、解除に必要な滞納期間が異なります。たとえば、催告すれば支払うが何度も賃料の支払いを怠る賃借人の場合は、1か月の滞納期間で信頼関係が破壊されたと判断される可能性もあります。一方、初めて滞納期間が生じた場合は、3か月分の不払いだけでは信頼関係が破壊されたとはいえないと判断される可能性が高いといえます。

　なお、賃借人が敷金を納めていても、滞納賃料について敷金から補充する義務は賃貸人にはありません。また、賃借人から補充を要求することもできません。したがって、敷金の納付の有無にかかわらず、3か月程度の賃料不払いが続けば、信頼関係が破壊されたと認められることになります。

■ 賃料不払いを理由とする解除の方法

　賃料の不払いが賃貸借契約の解除原因になるとしても、実際に解除をするためには、P.78 〜 P.81で述べたような手続を経なければなりません。ここでは、解除の段階に焦点をあてて説明します。

　賃料の不払いを理由に賃貸借契約を解除するときは、相当期間を定めて、賃借人に賃料を支払うように催告をしなければならないのが原

● 賃料不払いを理由とする解除

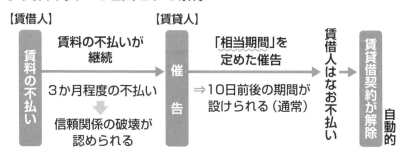

則です。賃料の支払いを催告する場合は、いつまでに支払わなければならないかを明記します。金銭は用意しやすい性質があるとしても、「明日中に支払わなければならない」など極端に短い期間は、相当期間を定めたものとして認められません。実際に賃借人が賃料を準備できるだけの期間を定めなければなりません。一般的には相当期間について10日前後の期間を設けることが多いようです。

賃料を支払うための相当期間を定めて催告し、それでも賃借人が賃料を支払わなかった場合、賃貸人は、賃貸借契約を解除する意思表示をすることができます。解除の意思表示をすれば、賃貸借契約は将来に向けて効力を失うことになります。

賃貸借契約を解除する意思表示は、催告をしてから解除の意思表示をするという順序でなくてもかまいません。催告の通知に「10日以内に賃料が支払われなければ、賃貸借契約が解除されたものとみなします」と記載し、賃借人に対して催告と解除の意思表示を同時に行うことも可能です。この場合、10日以内に賃借人が賃料を支払わなければ、賃貸借契約が自動的に解除されたとみなされます。

なお、後日争いになる場合も考えられますので、催告や解除の意思表示は、内容証明郵便で行うとよいでしょう。

賃貸借契約が解除されると、賃借人には賃貸物を明け渡す義務が発生しますが、これが行われない場合、賃貸人としては、滞納賃料の支

払いとともに賃貸物の明渡しを請求するため、裁判所による手続をとることになります。このとき、いきなり訴訟を提起するのではなく民事調停が行われます。民事調停は、簡易裁判所において調停委員の下で当事者の合意により争いの解決を図る手続です。民事調停でも滞納賃料の支払いや賃貸物の明渡しがなされない場合、後述するように訴訟や強制執行の手続へと発展します。

無催告解除ができる場合もある

賃貸借契約を解除する前提として催告をしなければならないのが原則です。しかし、催告が不要な場合もあります。催告をせずに解除をすることを無催告解除といいます。

催告は賃借人に賃貸借契約を継続する最後のチャンスを与えるために行われますが、チャンスを与える必要がない賃借人もいます。たとえば、「今後は賃料を一切支払わない」と明確に主張した賃借人に催告しても、そもそも支払うつもりがまったくないため無意味です。この場合、信頼関係が破壊されている状況にあれば、催告をせずに賃貸借契約を解除することができます。また、賃貸借契約では無催告解除特約が設けられていることがあります。無催告解除特約とは、「賃料の不払いがあった場合は、催告することなく解除ができる」と定める特約です。この特約については、賃貸人と賃借人の信頼関係が破壊されており、無催告解除を認めても賃借人にとって不合理とはいえない場合には、有効であると考えられています。

解除後の賃貸物の明渡しについて

たとえば、建物の賃貸借契約が解除されると、賃借人は、賃貸人に建物を明け渡さなければなりません。賃借人が自ら建物を明け渡せばよいのですが、賃貸借契約の解除に納得しない賃借人は、解除の意思表示後も建物を明け渡さないことが考えられます。この場合、賃貸人

● 解除後の明渡し

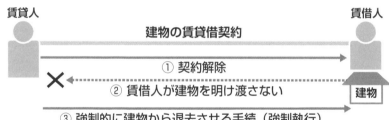

強制執行の要件

- 債務名義の取得：建物明渡請求を認める確定判決、和解調書など
- 裁判所への強制執行の申立て

は、賃借人を強制的に建物から退去させる手続をとります。この手続を強制執行といいます。強制執行を行うには債務名義が必要です。債務名義とは、強制執行で実現される請求権が現に存在することを公的に証明する文書です。たとえば、賃貸人の賃借人に対する建物明渡請求権が認められると判断した確定判決は、債務名義にあたります。

和解調書も債務名義になります。和解調書は、当事者が作成した和解文書ではなく、即決和解や起訴後の和解といった裁判上の和解により裁判所が作成する文書です。たとえば、賃貸人が建物の賃貸借契約を解除した後、建物明渡しを求める訴訟を提起したとします。訴訟手続では裁判官の前で当事者が主張をぶつけ合い、最終的に建物明渡請求の認否について判決が言い渡されます。しかし、判決の前に和解が行われることがあります。訴訟手続の中で行う裁判上の和解のことを起訴後の和解といいます。

債務名義を取得すると強制執行の手続に進むことができます。強制執行の手続は、原則として裁判所に申し立てることによって開始されます。このように、強制的に建物から賃借人を退去させるとなると、賃貸人としては、さまざまな法的手続をとらなければなりませんので、早めの段階で弁護士に相談するとよいでしょう。

6 敷　金

敷金とは

　不動産の賃貸借契約を締結する際に、敷金を支払わなければならないことがあります。たとえば、建物の賃貸借契約書に「賃借人が敷金として家賃2か月分を支払う」と規定されているような場合です。

　民法では、この敷金について、「いかなる名目によるかを問わず、賃料債務その他の賃貸借に基づいて生ずる賃借人の賃貸人に対する金銭の給付を目的とする債務を担保する目的で、賃借人が賃貸人に交付する金銭をいう」（民法622条の2第1項）と定義しています。

　敷金により担保される債務には、賃借人の賃料債務の他に、建物などの原状回復に必要な費用など、賃貸借契約において賃借人が負う債務が広く含まれます（とくに通常損耗分の敷金からの差引きについて⇨P.30〜P.31）。一方、敷金といえるためには、賃貸借契約に基づいて発生する賃料など、賃借人から賃貸人に支払う金銭債務を担保する性質をもっていなければなりません。たとえば、礼金（⇨P.109）は、一般的には敷金や賃料と別個に支払われる金銭であって、賃貸借契約の終了後も返還されず、賃借人の金銭債務を担保する性質をもっていないのが通常です。しかし、賃貸借契約書に礼金と規定されていても、それが賃料など金銭債務を担保する性質の金銭であれば敷金にあたります。

敷金の返還時期

　賃貸人が賃借人に対して敷金を返還する時期は、賃貸借契約が終了した後、賃借人が賃貸物を返還した時点です。たとえば、建物の賃貸借契約が終了しても、賃借人が建物から立ち退かない場合、賃貸人は

● 敷金の返還時期 ･･････････････････････････････････････

賃貸人A

① 【建物の賃貸借契約】
【敷金：賃料の4か月分（40万円)】

賃借人B

賃料：月10万円

② 賃貸借契約終了 ⇒ BがAに賃貸物の明渡し

3か月分の
賃料の滞納

AはBに対して敷金を返還する必要がある

⇒【Bに返還される敷金の額】

40万円（差し入れた敷金の額）－30万円（滞納した3か月分の賃料）

＝ **10万円**

※賃借人が賃料などの賃貸借契約に基づく金銭債務を支払わない場合、
賃貸人の判断で敷金をその金銭債務の弁済にあてることができる

敷金を返還する必要がありません。さらに、建物の返還が先履行であるため、敷金の返還を建物の返還と同時にする必要もありません。

賃借人が賃貸人の承諾を得て賃借権を譲渡した時も、敷金を返還する必要があります。敷金は賃料など賃借人が賃貸人に支払う金銭債務を担保しますが、譲渡後の新しい賃借人の金銭債務まで担保するものではないからです。

どんなことを民法が規定しているのか

敷金は、これが担保する未払賃料など担保した金銭債務を差し引き、残額を賃借人に返還します。たとえば、賃貸人Aと賃借人Bが月10万円の賃料で建物の賃貸借契約を締結し、敷金として賃料4か月分をBがAに支払ったとします。この賃貸借契約が終了し、BがAに建物を明け渡した時点で、Bが3か月分の賃料を支払っていなかった場合、Aは10万円をBに返還します。また、賃借人が賃料など賃貸借契約に基づく金銭債務を支払わない場合、賃貸人は、契約継続中も敷金をその金銭債務の弁済にあてることができます。しかし、賃借人が賃貸人に敷金を弁済にあてることを請求することはできません。

7 敷金の差押えと滞納賃料

▌敷金が差し押さえられた場合

　賃貸借契約の締結にともなって敷金が交付されると、賃借人が賃貸人に対して敷金返還請求権をもっていることになります。敷金は賃貸借契約の終了後、賃貸物の明渡し時に、未払賃料などを差し引いて返還する性質の金銭であるため、敷金返還請求権は、賃貸借契約の存続中に請求できるものではありませんが、債権としては存在しています。

　賃借人が借金をしたり、商品を購入したりして債務を負い、賃借人がその債務の弁済ができなければ、賃借人がもっている債権について、債権者が差押えをすることがあります。差押えとは、債権者が債権の回収を確保する目的から、強制執行の前段階として、債務者がもっている債権を自由に処分するのを禁止することです。敷金返還請求権も金銭債権であるため、差押えの対象となります。

　もっとも、敷金返還請求権の差押えがなされても、賃貸人は、未払賃料などがあれば、敷金を未払賃料などの弁済にあてることができます。敷金は未払賃料など賃貸借契約に基づいて賃借人が賃貸人に対して負う未払いの金銭債務を差し引き、残額を賃借人に返還する金銭という性質をもっているからです。賃借人の資金繰りが悪くなったという賃貸人に関係のない事実により、敷金を未払賃料などの弁済にあてることができなくなるのは、未払賃料などを敷金から充当できるという賃貸人の期待を害するといえるからです。

　なお、敷金の充当について、賃借人が賃貸人に対し、未払賃料など未払いの金銭債務について、敷金を弁済にあてるように請求することはできません。賃料などは賃貸人の意思によって処分されるべき金銭債権であって、その処分を賃借人が指定することはできないのです。

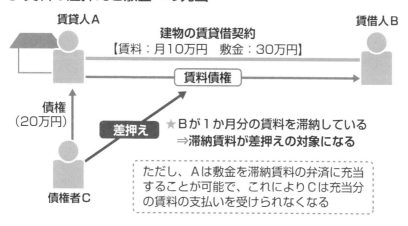

● 賃料の差押えと敷金への充当

賃貸人Ａ

建物の賃貸借契約
【賃料：月10万円　敷金：30万円】

賃借人Ｂ

賃料債権

債権
（20万円）

差押え

★Ｂが１か月分の賃料を滞納している
⇒滞納賃料が差押えの対象になる

ただし、Ａは敷金を滞納賃料の弁済に充当
することが可能で、これによりＣは充当分
の賃料の支払いを受けられなくなる

債権者Ｃ

▌賃料の差押えと敷金への充当

　たとえば、賃貸人Ａと賃借人Ｂの間で、毎月の賃料10万円、敷金30万円とする建物の賃貸借契約が締結された後、ＣがＡに対して20万円の金銭債権を取得したとします。賃料も金銭債権であるため、差押えの対象とすることができ、すでに未払いになっている賃料だけでなく、将来的に発生する賃料も差押えができます。具体的には、ＣがＡのＢに対する賃料債権を差し押さえた時点でＢが１か月分の賃料を支払っていなかった場合、この滞納賃料も差押えの対象となります。

　しかし、Ａとしては、滞納賃料について敷金をその弁済に充当することができます。これにより、敷金が充当された分の賃料の支払いを、ＣはＢに対して請求できなくなります。敷金は未払賃料などを差し引いて賃借人に返還することが予定されている金銭です。賃貸人の債権者は、敷金がそのような性質の金銭であるのは差押えの前からわかっているので、たとえ差押え後に滞納賃料について敷金が弁済にあてられたとしても、債権者の利益は害されていないと考えます。

　賃料が差し押さえられた場合も、ＢからＡに対し、未払賃料について敷金から弁済するように請求することはできません。

8 賃貸人が変わった場合の敷金の返還

賃貸人が変わった場合における敷金の返還義務者

　賃貸借契約が終了し、賃借人が賃貸物の返還をした時点で、賃貸人に敷金を返還する義務が発生します。たとえば、賃貸人Aと賃借人Bの建物の賃貸借契約において、契約が終了してBがAに建物を明け渡した場合、AはBに対して敷金を返還しなければなりません。この点は、賃貸人が賃貸借契約の途中で変わった場合も同様です。上記の例で、AがCに対して建物を売却したとします。賃貸人の地位は、賃貸物の売却によって買主に移転するため、Cが賃貸人となります。この場合も契約が終了して、Bが建物を明け渡した場合に敷金を返還することになります。

　では、AとCのどちらが、Bに対して敷金を返還しなければならないのでしょうか。Aはもはや賃貸人ではありませんし、Cは敷金をBから受け取っていません。民法605条の2第4項は、賃貸物の売却などによって賃貸人が変わった場合（賃貸人の地位の移転）には、新しく賃貸人になった人が敷金の返還義務を負うと規定しています。

　建物をCに売却したことで、Aは賃貸人ではなくなります。にもかかわらず、Aが敷金返還義務を負うとすると、いつ支払時期が到来するかが予想できない債務を負い続けることになり、Aは非常に不安定な状態に置かれてしまいます。これに対し、CはBから敷金を受け取っていませんが、一般的に賃貸物を売却するときは、敷金について考慮された金額が設定されます。たとえば、A所有のBに貸与している建物の適正価格が1,000万円であるとし、BがAに敷金として100万円を支払っていたとします。AC間の売買契約では、敷金分を考慮して売買価格を900万円とすると、CがAに1,000万円を支払い、A

● 賃貸人が変わった場合の敷金の返還 ……………………………

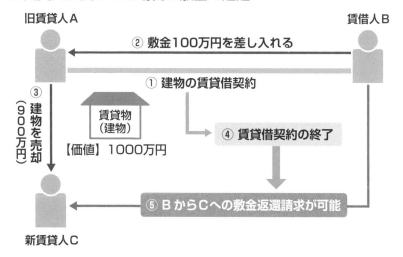

旧賃貸人A

賃借人B

② 敷金100万円を差し入れる

① 建物の賃貸借契約

③ 建物を売却 （900万円）

賃貸物 （建物）

【価値】1000万円

④ 賃貸借契約の終了

⑤ BからCへの敷金返還請求が可能

新賃貸人C

がCに敷金分の100万円を支払ったのと同じ状況となります。

▍賃貸人が変わるときに滞納賃料などがある場合

　前述した例で、ＡＣ間の売買契約において、Ｂの滞納賃料などがあるときは敷金によってＡに弁済し、残額の敷金返還義務をＣが負うと定めることは可能でしょうか。民法が敷金返還債務は賃貸人の地位を譲り受けた新しい賃貸人が負うと規定していることから、ＡＣ間の定めは民法と異なる合意のようにも思えます。

　しかし、このようなＡＣ間の合意は有効です。賃貸人は、賃借人が賃料などの金銭債務を支払わないときは、敷金を未払賃料などの弁済に充てることができ、賃貸借契約の継続中に敷金により滞納賃料などが弁済されることが想定されるからです。判例も賃貸人の地位が移転した場合で、賃借人に滞納賃料などがあれば、敷金により当然に弁済され、残額が新しい賃貸人に引き継がれると判断しています。

　もっとも、賃借人の関与なしで行うことから、後でトラブルにならないようにするため、賃借人に通知しておくことが重要です。

9　更新料と更新手数料

更新料と更新手数料はどのような性質の金銭なのか

　賃貸借契約には契約期間（存続期間）が定められているのが一般的です。たとえば、建物の賃貸借契約書を見ると「契約期間は２年とする」と規定されていることが多いようです。もっとも、２年の契約期間が満了しても賃貸借契約が終了せず、更新されることがあります。このような契約更新の際に、賃貸人が請求する金銭が更新料です。

　更新料と似ている金銭として更新手数料があります。更新手数料は契約更新の事務を行うために必要となる金銭で、賃貸借契約に関与する不動産業者が請求するのが一般的です。たとえば、賃貸借契約を更新する際には、賃貸借契約書の書き換え、当事者の署名押印などの手続が必要です。更新手数料は、これらの手続を不動産業者が代わりに行ったときに必要になります。

更新料と更新手数料の支払いは法律上の義務ではない

　賃貸借契約の更新料や更新手数料は、賃料とは異なり、その支払義務について法律上の定めがないので、これらを支払う法律上の義務はありません。したがって、更新料や更新手数料の支払義務の有無や、支払義務がある場合の金額は、賃貸借契約の締結時に合意した内容によって決まります。ただし、更新料や更新手数料には相場があるため、あまりに高額な定めであれば、消費者契約法によって無効とされる場合があります。

　さらに、更新料や更新手数料の支払いを賃貸借契約の締結時に定めた場合に、誰が支払義務を負うかについても、法律は何も規定していません。したがって、賃貸借契約の締結時に、更新料や更新手数料を

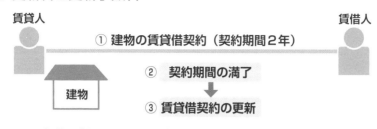

● 更新料と更新手数料 ・・

賃貸人 ① 建物の賃貸借契約（契約期間2年） 賃借人

建物 ② 契約期間の満了

③ 賃貸借契約の更新

★ 契約更新の際に必要な金銭（賃借人が負担することが多い）

【更新料】 契約更新の際に請求される金銭
⇒賃料の1〜2か月分相当など

【更新手数料】更新事務を行うために必要となる金銭
⇒書類作成などの手続のための金銭

誰が負担するのかを定めておくことが必要ですが、更新料も更新手数料も賃借人負担とすることが多いようです。更新手数料は不動産業者に依頼した賃貸人が支払うのが基本ですが、賃借人が不動産業者に家賃減額交渉や契約条項変更を依頼した場合などは、賃借人も不動産業者に更新手数料を支払う必要があるとされています。

更新料を請求する理由

賃貸人が更新料を請求する理由として、賃貸人が利益を得るためという理由も否定できませんが、相場より安く設定した賃料の全部もしくは一部を補てんするという意味合いもあるようです。たとえば、賃料の相場からすれば毎月6万円の賃料となるところ、毎月5万円で賃貸借契約を締結し、2年後の契約更新時に、賃料の2か月分を更新料として請求する場合です。このように賃料を設定することで、賃借人が見つからないという状況を作らないように対策ができます。

その他にも、賃貸人と賃借人の間の信頼関係を維持する意味合いもあります。毎月の賃料を怠ることなく支払っていれば十分と考えることもできますが、賃貸借契約は土地や建物といった賃貸人の重要な財

産についてなされる契約です。そこで、賃料以外にも契約を継続することへの対価として賃借人が賃貸人に金銭を支払うことは、信頼関係を継続していく上で重要な意味を持ちます。

更新料の支払拒否を理由とする契約更新の拒絶はできるか

更新料の支払いについては、賃貸借契約で定めておくことが必要です。このとき、「賃借人から更新料の支払いがない場合は、賃貸借契約を更新しない」とする定めは有効なのでしょうか。

借地借家法は、借地契約や借家契約について、賃借人が契約更新を請求した場合などに、賃貸人に契約更新を拒絶するだけの正当事由がなければ、契約更新がされたとみなされることを保障している（法定更新）ことから、契約更新を不当に制限する合意は認められないと考えられます。そのため、法律上の義務ではない更新料の支払拒否のみをもって、賃貸人が契約更新を拒絶する正当事由があるとするのは難しいと考えることもできます。上記の定めの有効性は、裁判所の判断が分かれているところなので、トラブルを避けるためにも、定めが認められない可能性を十分に考慮しておく必要があります。

更新料や更新手数料の相場

更新料の相場は地域ごとに差があるようです。たとえば、建物の賃貸借契約は2年ごとに更新されることが多く、更新の際に賃料の1〜2か月分を更新料として請求することがあります。その他、賃料の何か月分ではなく「更新料10万円」と賃貸借契約書に定額記載されていることもあります。なお、東京や京都などでは更新料が慣習化されていますが、地域によっては更新料という慣習がない地域もあります。

これに対し、更新手数料の相場は、賃料の0.5か月分〜1か月分が一般的のようです。更新手数料は不動産業者に支払うので、不動産業者が契約更新に関与しない場合は支払いの問題が生じません。

更新料をめぐる裁判所の考え方

　更新料については、その金額に納得できない賃借人との間でトラブルが頻発しているのが実情です。更新料の支払いが賃貸借契約に基づき義務づけられるもので、法律上は支払義務がないことなどが、トラブルが生じるおもな原因だと考えられます。

　更新料に関しては、その適法性について最高裁判所まで争われたことがあります。このとき、原告である賃借人は、自らを消費者（事業目的でない賃借人）とした上で、賃貸借契約書の更新料条項は、消費者契約法10条に違反し、無効であると主張しました。消費者契約法10条は、法律の任意規定と比較して、消費者の権利を制限または義務を加重し、消費者の利益を一方的に害する特約を無効とする規定です。つまり、原告は、「更新料条項は民法や借地借家法の規定より賃借人の義務を加重し、利益を一方的に害するものなので無効」と主張したわけです。前述のとおり、更新料に関しては法律上の支払義務がないわけですから、更新料条項は消費者たる賃借人の義務を加重し、利益を一方的に害する特約と考えることもできます。

　しかし、最高裁判所は、更新料条項は賃借人に対して民法や借地借家法などの規定にはない義務を加重するものであると認めつつも、契約書に一義的かつ具体的に記載されて当事者が合意している以上、更新料の額が高額すぎるなど特段の事情がない限り、消費者契約法10条に違反しないと判断しました。なお、更新料の額が高額すぎるか否かを判断する際には、賃料の額や賃貸借契約の更新間隔などを考慮するとしています。

　この判決の中で最高裁判所は、更新料は賃料補充や賃貸借契約継続の対価等の複合的性質を持ち経済的合理性があること、一定の地域では慣例化していることなどを認めていますが、この更新料の意義を認める姿勢が、上記の判断につながったと考えられます。

10 保証金

保証金はどのような性質の金銭なのか

　保証金は、敷金と同様に、賃貸借契約の締結時に賃借人から賃貸人に支払われます。保証金の性質については、敷金とは異なり、法律上の規定がありません。そのため、当事者がどのような性質の金銭として合意したかによって決まります。保証金の名称で賃借人から賃貸人に交付された金銭は、さまざまな性質をもっているようです。

　たとえば、保証金の名称で交付されたとしても、賃貸借契約の終了に伴う賃貸物の明渡し時に、賃借人の負担する未払賃料や損害賠償金などの金銭債務を差し引いてから賃借人に返還すると定められていた場合、その保証金は敷金として取り扱われます。その他、保証金の名称で交付されたとしても、賃借人に返還する必要がなく、賃借人から賃貸人に対して賃貸借契約のお礼として交付されていた場合、その保証金は礼金として取り扱われます。

　このように、当事者が保証金をどのような性質で交付することとしたかにより、保証金の性質が異なります。当事者が保証金をどのような性質のものとしてやりとりしたかは、おもに賃貸借契約書の記載から判断します。具体的には、保証金を賃借人に返還しなければならないか、返還時の利息が決められているかなどの記載から、保証金の性質を判断します。賃貸人としては、賃借人に保証金を交付させる場合、賃貸借契約書にその性質を明確に記載することが求められます。

　もっとも、保証金は、敷金や礼金などと取り扱われることが明確でない限り、賃借人が賃貸人に迷惑をかけないことを担保するために交付する性質の金銭だと考えます。このような性質と判断された場合、保証金は賃借人の金銭を賃貸人が預かっていることになります。した

● 保証金の性質 ....

賃貸借契約

保証金の名称で金銭の支払い

賃貸人　　　　　　　　　　　　　　　　　　　　　賃借人

| 保証金とは扱われない | 敷 金 | 賃貸借契約終了時に、未払賃料や損害賠償金を差し引いてから賃借人に返還するとされていた場合 |
| | 礼 金 | 賃貸借契約終了時に返還されず、賃借人から賃貸人に賃貸借契約のお礼として交付されていた場合 |

保証金：賃借人が賃貸人に迷惑をかけないことを担保するために交付する金銭
⇒賃貸借契約終了時に、償却分を差し引いて賃借人に返還される

がって、賃貸借契約が終了して賃貸物が返還された時に、後述する償却分を差し引いて賃借人に返還します。敷金との違いは、償却分が賃貸借契約の締結時に決まっていることが多い点です。

■ 保証金が建築協力金の性質をもつこともある

　保証金が建築協力金の性質をもっていると判断した最高裁判所の判決もあります。建築協力金とは、とくに賃貸目的でビルを建設する場合に、その資金に充てるため、ビルの借受け希望者（テナント）から建築協力金を受け取り、完成の際にはその希望者に優先してビルを貸与するものです。建築協力金として交付された金銭は、ビルの完成後に賃貸人が賃借人に対して返還します。返還方法は7〜10年の期限による長期分割払い方式を採用するのが一般的です。その他、毎月の賃料の支払いに際し、建築協力金の毎月の返済額を相殺し、その残額を賃借人が賃貸人に支払うとすることも可能です。

　賃貸人にとって建築協力金を受け取るメリットは、ビルなどの建築

費用を準備することができ、ビルの借受け希望者による借地権の設定を回避できる点にあります。建築協力金の交付を合意することで、建物所有目的の土地賃貸借でなく、建物賃貸借になるため、借地権が設定されなくなります。

　賃借人にとって建築協力金を交付するメリットは、建物の賃借人としての地位を確保できる点にあります。建築協力金の交付が行われる例として、賃借人がスーパーやコンビニなどとして使用・収益する目的が多いようです。この目的で賃貸借契約を締結する場合、建物建築前に賃借人の地位を確保できると、宣伝活動などを効率よく進めることができます。以上のように見ると、建築協力金は、金銭消費貸借契約と賃貸借契約が組み合わさった内容をもっているといえます。

▌保証金の償却

　賃貸借契約書に「保証金は2年後に20％償却する」などと定められていることがあります。ここでの「償却」とは、月日の経過によって減少する賃貸物の価値を差し引く手続です。たとえば、保証金として100万円を支払っている賃貸借契約で、「保証金は2年後に20％償却する」との定めがあった場合、賃貸借契約の締結時から2年経過した時に20万円が償却されるため、その時点で賃貸借契約を終了すると、賃貸人は賃借人に80万円を返還することになります。

　保証金の償却は、建物の劣化分の価値を賃借人に支払ってもらうという意味があります。建物は年月の経過により劣化するので、その劣化分だけ建物を使用・収益し、減少した建物の価値を享受した賃借人に負担してもらうという意味をもっています。

　なお、保証金の償却について、賃借人が消費者の場合に消費者契約法10条に違反し無効でないかが争われることがあります。この点は、契約期間に応じて月額賃料の2～3.5倍程度の償却分を定めるのは消費者契約法10条に違反しないとした最高裁判所の判決があります。

保証金の返還

　保証金は、その性質によりますが、賃貸借契約の終了時に賃借人に返還されます。保証金の返還について、賃貸借契約の途中で賃貸人の地位が移転していた場合に、誰が返還義務を負うかという点は、その保証金の性質によると考えられています。

　保証金が敷金と同様の性質をもつ場合は、新しい賃貸人が保証金の返還義務を負います。一方、保証金が建築協力金として交付されていた場合は、保証金が新しい賃貸人に承継されず、旧賃貸人が保証金を返還しなければなりません。前述したように、建築協力金は金銭消費貸借契約としての性質をあわせもっており、建物を建築する賃貸人の建築費に協力する目的で金銭が交付されています。そのため、賃貸人の地位の譲渡にともなって、新しい賃貸人に保証金返還義務が承継されることが想定されているとはいえないことから、保証金が建築協力金として交付されている場合は、旧賃貸人が返還義務を負います。

　最高裁判所の判決でも、保証金が建築協力金としての性質をもっている場合、新賃貸人には保証金が承継されないとして、賃借人の新賃貸人に対する保証金返還請求権を否定したものがあります。

　保証金の返還時期も問題となることがあります。敷金は、賃貸借契約が終了し、賃貸物を明け渡した後に返還することが民法に規定されています。保証金が敷金と同様または類似の性質であれば、この規定に従い、賃貸物の明渡し後に返還することになります。しかし、保証金が建築協力金としての性質をもっている場合は、賃貸借契約の期間中から保証金の返還が開始されることがあります。

　保証金の返還方法も、敷金と同様または類似の性質をもっている場合は、一括返還が原則となりますが、建築協力金の性質をもっている場合は、分割返還が原則です。このように保証金の返還時期や返還方法などは、その性質により異なるため、賃貸借契約書に明確に記載しておくとよいでしょう。

11 権利金・礼金

権利金はどのような性質の金銭なのか

　権利金も敷金と同様に、賃貸借契約の締結時に、賃借人から賃貸人に交付される金銭ですが、法律上の規定はありません。一口に権利金といっても、さまざまな性質をもっています。

　たとえば、敷金以外の賃借人から賃貸人に交付される金銭のことを権利金ということもあれば、敷金・保証金・礼金・建築協力金以外の性質をもっている金銭を権利金ということもあります。また、賃貸借契約の終了時に返還される権利金もあれば、返還されない権利金もあります。そのため、権利金がどのような性質の金銭であるかは、おもに賃貸借契約書の記載から判断する必要があります。

　権利金が支払われるおもな理由として、①場所的利益の対価、②賃料の一部の一括前払い、③賃借権に譲渡性を与える対価の3つを挙げることができます。

　①場所的利益の対価は、立地的に有利な店舗を使用・収益することができるという賃借人の利益の対価として、賃貸人に金銭を支払う意味合いがあります。たとえば、コンビニやスーパーなどの経営目的で建物の賃貸借契約を締結した場合、集客力の高い建物を借りることができれば、その建物から利益を得ることができるからです。

　②賃料の一部の一括前払いは、あらかじめ賃料の数か月分を支払うことを意味し、未払賃料が生じた場合は権利金から充当されます。

　③賃借権に譲渡性を与える対価は、譲渡性のない賃借権を他人に譲渡できるようにする意味があります。賃借権を譲渡するには賃貸人の承諾が必要です。そのため、本来は賃借権の譲渡の必要が生じた場合に賃貸人が承諾をします。しかし、賃借権に譲渡性を与える対価とし

● 権利金の性質

権利金が支払われる おもな理由	内　容
① 場所的利益の対価	立地的に有利な店舗を使用・収益するという利益に対して金銭を支払うこと (例) コンビニやスーパーなどを経営する目的で建物の賃貸借契約（または建物所有目的の土地の賃貸借契約）を締結した場合に支払われる金銭
② 賃料の一部の一括前払い	あらかじめ賃料の数か月分を支払い、未払賃料が生じた場合に権利金から支払われる
③ 賃借権に譲渡性を与える対価	本来は譲渡性のない（賃貸人の承諾が必要）賃借権について、これを譲渡できるようにする（あらかじめ承諾を与える）ために支払われる金銭

て権利金が支払われるときは、賃貸借契約の締結時に、賃貸人が賃借権の譲渡についてあらかじめ承諾します。そのようにすることで、賃借人はいつでも賃借権を譲渡できるようになります。

礼金はどのような性質の金銭なのか

　礼金も賃貸借契約の締結時に支払われる金銭ですが、権利金と同様に法律上の規定がありません。慣習に基づいて支払うことが要求されることがある金銭です。近年では「敷金０・礼金０」というように、敷金や礼金を確保しないで入居者を受け入れる賃貸物件もありますが、賃借人に対して礼金の支払いを要求する場合は、賃貸借契約書に「礼金　賃料２か月相当分」というような記載がなされるのが一般的です。

　礼金は、その名のとおり、賃貸借契約を締結したことに対する謝礼の意味合いで、賃借人から賃貸人に対して支払われる金銭です。もっとも、賃貸人が礼金という名目で金銭の支払いを請求しているだけで、敷金や保証金と同様の性質をもった金銭として支払いを請求する場合

もあります。そのため、おもに賃貸借契約書の記載から、礼金がどのような性質をもっているかを確認することになります。

礼金と権利金はどのような点で違うのか

礼金は、賃貸借契約の謝礼として、賃借人から賃貸人に支払われる金銭であるため、賃貸借契約の終了時に賃貸人から賃借人に返還する必要はありません。権利金についても、①場所的利益の対価、②賃料の一部の一括前払い、③賃借権に譲渡性を与える対価、という前述したいずれの性質であっても、賃貸借契約で定めた契約期間を満了した場合は、賃貸人から賃借人に返還する必要がありません。

しかし、賃貸借契約が定められた契約期間の途中で終了した場合に、賃貸人から賃借人に返還する必要があるかどうかについては、両者で違いが見られます。

礼金は、あくまでも賃貸借契約の謝礼であるため、賃貸借契約が中途で終了しても返還する必要はありません。反対に、権利金については、①～③の性質により異なります。②賃料の一部の一括前払いの性質であれば、賃貸借契約が中途で終了したときは、未払賃料分を除いて返還する必要があります。しかし、③賃借権に譲渡性を与える対価として支払っている場合であれば、賃借人は賃借権を譲渡するなどして、賃貸人に支払った権利金を回収することもできるため、返還する必要がないと考えられています。①場所的利益の対価として支払っている場合も、同様に返還する必要はないと考えられています。

権利金と賃貸人の地位の譲渡の関係

敷金が支払われている場合、賃貸人の地位が譲渡されると、敷金返還義務は新しい賃貸人へと承継されます。旧賃貸人がいつまでも敷金返還義務を負い続けるという不安定な状態を解消するためです。

これに対し、礼金が支払われている場合、賃貸人の地位が譲渡され

ても、新しい賃貸人に承継されません。礼金は賃貸借契約の締結に対する謝礼として支払われた金銭であり、返還されないからです。

権利金が支払われた場合は、その性質ごとに異なります。

①場所的利益の対価として権利金を支払っている場合、賃貸人が賃借人に権利金を返還する必要はありません。賃借人は賃貸物の使用・収益を継続することで利益を得ることができます。また、賃貸人の地位を移転する際に、旧賃貸人と新賃貸人の間で賃貸物の譲渡価格などに権利金を反映させることができます。そのため、いったん賃借人に権利金を返還し、再び新賃貸人に権利金を支払うのは煩雑です。そのため、返還しなくても問題になりません。

②賃料の一部の一括前払いとして権利金を支払っている場合、新賃貸人に権利金が移転する可能性があります。この場合の権利金は敷金と同様の性質をもっています。そのため、新しい賃貸人に権利金が引き継がれなければ、旧賃貸人は、いつ権利金を返還すべきなのかがわからず、不安定な状態に置かれます。このような状態は旧賃貸人に不利益であるため、権利金が新賃貸人に引き継がれると考えます。

③賃借権に譲渡性を与える対価として権利金を支払っている場合、賃貸人が権利金を賃借人に返還する必要はありません。この場合の賃貸借契約は、賃借人が賃借権を譲渡することが想定されています。賃借人からすれば、賃借権を譲渡し、その対価を得ることで権利金に相当する利益を得ることができます。そのため、権利金を返還する必要はありません。

賃貸借契約は長期に及ぶことが多く、契約期間中に賃借人や賃貸人が変わることがあります。その場合、権利金のように法律上その性質が明確でない金銭の取扱いについては、後に当事者間で争いになることがよくあります。そのため、賃貸借契約書などで権利金の取扱いについて明確に定めておくとよいでしょう。

12 承諾料

承諾料とは

　承諾料とは、申入れや依頼を聞き入れてもらう対価として支払う金銭です。賃貸借契約でも承諾料の授受が行われることがあります。

　たとえば、建物所有目的による土地の賃貸借契約（借地契約）において、賃借人が賃借した土地に建物を建設して所有していた場合、賃借人がその建物を増改築することは自由にできるのが原則です。これを防止するため、賃貸人が主導して増改築禁止条項を設けることがあります。増改築禁止条項を設ける理由は、更新拒絶の可否が争われた場合に、賃貸人が不利になるおそれがあるからです。

　借地借家法は、借地契約の期間満了後の契約更新について「建物がある場合に限り」という条件を設けています。増改築すると一般的に建物はより強固になり、建物の存続期間は長くなります。その建物を使用・収益することが十分にできる状態であれば、賃借人が使用・収益する必要があると判断されやすくなります。その結果、賃貸人による更新拒絶が認められなくなるおそれがあるのです。また、契約期間の満了により借地契約が終了しても、建物が存続している場合は、賃借人が賃貸人に対し建物買取請求権を行使することができます。賃借人が自由に増改築し、契約当初より建物の価値が高くなっていると、賃貸人が思わぬ負担を強いられることになります。

　そこで、このような事態を避けるため、「建物の増改築を行うときは、賃貸人の承諾を得なければならない」という増改築禁止特約に関する規定を賃貸借契約書に設けておきます。このとき、増改築の承諾を得るために、賃借人から賃貸人に対し支払われる金銭が承諾料にあたります。

● 承諾料の支払いが必要になるケース ·····························

（例）土地の賃貸借契約（建物所有目的）

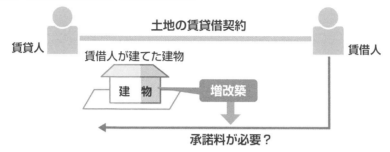

⇒【原則】増改築は賃借人の自由であり、実際に増改築をされ
　　　　　ると、更新拒絶の可否が争われた時に賃貸人が不利
　　　　　になるおそれがある

・強固な建物は賃借人による使用・収益の必要性が認められ
　やすい（更新拒絶が困難）
・更新拒絶が可能な場合でも、賃借人から建物買取請求権を
　行使されて高額の負担が必要になるおそれがある

**「建物の増改築を行うときは、賃貸人の承諾を得なければな
らない」と定めておく（増改築禁止特約）**

◎ 承諾の対価として賃借人から賃貸人に支払われる金銭
　⇒ **承 諾 料**

■増改築を認める対価としての承諾料の支払い

　増改築禁止特約がある借地契約において、承諾料の支払いを条件と
して、その禁止を解除する方法により、賃貸人は、前述した不利益を
防止することができます。賃借人としても、承諾料の支払いをしてま
で借地契約を契約期間の満了時に更新して継続するか、それとも契約
期間が満了したら建物を賃貸人に買い取ってもらって（建物買取請求
権を行使する）新たな建物などに引越しをするか、慎重に判断できる
ようになります。

　借地契約の賃貸人が増改築の承諾を求める例として、建物の用途を

居住専用から居住用とレストラン営業用との兼用に変更する場合や、建物の用途をレストランからコンビニに変更する場合などを挙げることができます。これらの場合、用途の変更とともに建物の増改築が必要になるため、賃借人は、承諾料の支払いを申し出て、賃貸人に対して用途の変更と増改築に関する承諾を求めることになります。

　これに対し、建物の賃貸借契約（借家契約）においても、増改築禁止特約を設けることがあります。ただし、借家契約の場合は、増改築禁止特約がなくても、賃借人が自由に建物を増改築することはできません。借地契約の場合は、建物が賃借人所有であるのに対し、借家契約の場合は、建物が賃貸人所有だからです。そうであっても、賃貸人の判断により増改築を認めることは可能です。このとき、承諾料の支払いを条件とするなど、賃貸借契約書に明記するとよいでしょう。

転貸や借地権の譲渡を認める対価としての承諾料の支払い

　賃貸借契約において承諾料が必要となるのは、増改築禁止特約がある場合に限りません。具体的には、転貸や賃借権の譲渡に際しても承諾料の支払いが必要となることがあります。転貸とは、賃借人が賃貸物について、第三者との間で賃貸借契約を締結することです。賃借権の譲渡とは、賃借人の地位を第三者に移転することです。誰が賃貸物を使用・収益するかは賃貸人にとって重要な関心事であるため、どちらも賃貸人の承諾が必要です。そこで、賃貸人が承諾の条件として承諾料の支払いを要求することがあります。

承諾料の相場とは

　建物所有目的による土地の賃貸借契約（借地契約）における承諾料の相場は、賃貸人の承諾が必要になる理由によって異なります。

　土地上の建物を増改築する場合の承諾料は、更地価格の約３％とされることが多いようです。たとえば、更地価格が1,000万円の土地の

場合は、承諾料が30万円程度です。もっとも、増改築の程度によっても相場が異なります。小規模な増改築であれば、承諾料も更地価格の1％〜1.5％とされることがあるようです。

　借地契約の特約により土地上の建物の用途などの変更（借地条件の変更）をする際に賃貸人の承諾が必要とされている場合や、土地上の建物の譲渡にともなって転貸または借地権の譲渡をする場合の承諾料は、更地価格の10％程度が相場といわれています。

　以上が借地契約における場面ごとの相場ですが、承諾料はあくまで当事者間の合意に基づいて支払われます。そのため、相場より高くなる場合もあれば、安くなる場合もあります。たとえば、借地条件の変更に関する承諾料は、これを変更することになった事情なども考慮されることがあります。そのため、承諾料をどのように定めるか、当事者間で十分に話し合う必要があります。

　承諾料は当事者間の合意で決定できるとしても、賃貸人があまりに高額な承諾料を請求すると争いになります。借地契約において、賃借人による借地条件の変更、増改築、土地上の建物の譲渡にともなう転貸または借地権の譲渡について、賃貸人の承諾が得られない場合や、承諾料で折り合いがつかない場合には、賃借人が、裁判所に対して、賃貸人の承諾に代わる許可（代諾許可）の裁判をするように請求できることが、借地借家法で規定されています。賃借人が裁判所に請求をすると、賃貸人の意向に関係なく、裁判所が代諾許可の裁判をする可能性があります。代諾許可の裁判をするときは、裁判所が承諾料の額もあわせて決めることになります。

　以上に対し、建物の賃貸借契約（借家契約）の場合は、賃借人に建物を増改築する権利がないことなどから、承諾料の相場は考えにくい状況です。そのため、当事者間で十分に検討し、妥当な金額を設定するようにしましょう。借家契約の場合は、賃貸人の承諾に代わる許可の裁判を賃借人が請求することはできません。

13 立退料

立退料とは

　立退料とは、賃借人が賃貸物を明け渡す対価として、賃貸人が賃借人に支払う金銭です。借地借家法は、賃貸人による借地契約や借家契約の更新拒絶について、その正当事由の有無を判断するための要素のひとつとして、明渡しと引換えに賃借人に対してする財産上の給付を規定していますが、これは立退料のことです。立退料の内容が更新拒絶の考慮要素になっていることから、借地契約や借家契約の更新拒絶の際には、立退料の支払いが行われることが多いといえます。

　賃貸人の側から更新拒絶をする場合、賃借人にはさまざまなコストが突然降りかかることになりかねません。たとえば、賃貸人が住宅の賃貸借契約を更新拒絶する場合、賃借人としては代わりの住宅を探さなければならず、見つかったとしても引越し費用がかかります。立退料は、これらの賃借人の手間や出費を補てんする意味合いがあります。

立退料が支払われる理由

　賃貸人が賃借人に立退料を支払う最大の理由は、借地借家法が定める更新拒絶の正当事由に関する要素のひとつだからですが、その他にもさまざまな理由が考えられます。

　まず、移転費用を補償する意味合いが考えられます。たとえば、住居として使用・収益していた建物からの移転の場合、引越し費用がかかります。引越し費用は決して安価でなく、賃借人にとって大きな負担です。この負担を軽減するために立退料が支払われます。

　賃貸人が移転費用のために立退料を支払うとしても、どこまでを補償すべきかが問題となります。たとえば、新たに住居を探すとなれば、

● 立退料とは

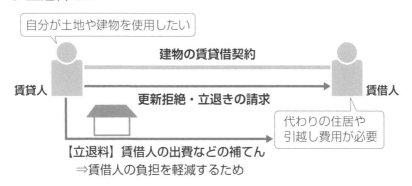

引越し費用だけでなく、新たな住居の敷金なども納める必要があります。し、新たな住居の家賃が高ければその差額も生じます。どこまで立退料として補償するかは、具体的な状況に応じて判断することになるでしょう。

　立退料は営業損害の補償として支払われることもあります。たとえば、建物の賃貸借契約を締結し、その建物を賃借人が自宅兼飲食店として使用・収益していたとします。建物からの立退きにともない、引越しの費用に加え、飲食店の移転費用がかかります。また、移転に要する期間中は営業ができないため、その期間分が減収となることが考えられます。他にも、建物が駅やオフィスビルの近隣という好立地だった場合には、移転にともなう立地条件の変化が店の減収につながります。さらに、常連客を失うことによる減収も考えられます。これら賃貸借契約の更新がなされていれば生じなかったはずの費用や減収分を補償するために立退料が支払われることが考えられます。

　以上の他にも、慰謝料、開発利益の配分額、借地権や借家権の買取価格などの意味合いをもって立退料が支払われることもあります。注意が必要なのは、立退料の支払いは正当事由の補完的な役割を果たすのみで、正当事由の代替的な役割を果たすわけではない点です。

債務不履行による場合は立退料が不要である

　立退料の支払いは、賃貸人が借地契約や借家契約の更新を拒絶する際に必要になるのが基本です。借地借家法では、賃貸人が借地契約や借家契約の更新拒絶をする場合に正当事由を要求しており、その正当事由の有無を判断する要素のひとつとして、前述したように「財産上の給付」という形で立退料について規定しているからです。

　しかし、賃貸人が賃借人に対して立退きを求める場合として、賃料の不払いや無断転貸・無断譲渡（賃貸人の承諾のない転貸・賃借権の譲渡のこと）など、賃借人の債務不履行を理由に借地契約や借家契約を解除し、それにともなって賃借人に対して目的物からの立退きを求めることも考えられます。この場合は、更新拒絶による立退きでないことから、賃貸人が立退料を支払う必要はありません。実質的にも立退きの原因が賃借人自身にあり、賃貸人が立退料を支払わなくても立退きを求めることが正当だからです。

正当事由の判断要素としての立退料

　借地契約や借家契約において契約期間が定められている場合、その契約期間が満了しても当然に契約関係が終了するとは限りません。定期借地契約や定期建物賃貸借契約のように契約更新があらかじめ排除されている場合を除き、賃借人が契約更新を希望すれば、賃貸人による更新拒絶がない限り、借地契約や借家契約は更新されます。

　そして、借地契約や借家契約の更新を賃貸人が拒絶するためには、更新拒絶をすることが正当といえる事由が必要になります。これを正当事由といいます。正当事由の有無に関する判断は、賃貸人が自ら使用・収益する必要性があるかどうかをおもな要素としつつ、さまざまな要素が考慮されます。具体的には、借地契約や借家契約に関する従前の経過（賃料の支払状況など）、賃借人による土地や建物の利用状況などが考慮されます。さらに、立退料も「財産上の給付」として、

● 更新拒絶の通知と合意書の作成 ……………………………

賃貸人が賃貸借契約の更新を拒絶した（更新拒絶の通知）

裁判になった場合	当事者の合意による立退きの場合
賃貸借契約の更新拒絶が正当かどうか（正当事由の有無）の判断 ⇒立退料の金額についても妥当かどうか判断される	★立退きが決まった場合には「合意書」の作成が重要 ⇒立退料の金額の明記も必要
【裁判のデメリット】 ・立退料以外にも費用がかかる ・立退きの実現までに時間がかかる	【合意書作成のメリット】 ・後のトラブル発生を防止 ・合意の内容が第三者にも明らかになる

正当事由の有無を判断するために考慮される要素のひとつとなります。

　たとえば、借地契約において賃貸人から更新拒絶がなされ、その正当事由が争いになったとします。このとき、賃貸人が立退料を支払うことを申し出ている場合と、そうでない場合とでは、正当事由が認められるか否かに大きな差が出ます。前述したように、立退料は賃借人の移転実費や営業損失の補償などの意味合いがあるため、立退料を支払うとする方が正当事由が認められやすくなります。立退料を支払わない場合、土地を使用・収益する賃借人の利益を害し、移転実費や営業補てんなどもすべて賃借人自身に負担させることになるため、他に更新拒絶を正当とする事由がない限り、正当事由は認められないでしょう。

　立退料はその金額も重要な判断要素となります。アパートなど住居の立退きであれば、それほど高額にならないのですが、借地契約となれば、契約期間が長期にわたるため、土地からの立退きに対して高額の立退料が必要となることもあります。

┃更新拒絶を賃借人に伝える時期も重要である

　賃貸人が借地契約や借家契約の更新拒絶をするには、正当事由さえ

あればよいわけではなく、賃貸人から賃借人に対して契約更新をしないことを事前に伝えなければなりません。たとえば、契約期間の定めがある借家契約の場合は、期間満了の1年前から6か月前までに契約更新をしないことを相手方に通知しなければ、契約更新前と同じ条件で（契約期間の定めはないものと扱われます）借家契約を更新したとみなすことが、借地借家法で規定されています。このように、更新拒絶は賃借人に対して事前にその意思を伝えることが必要になります。

賃貸人が急に立退きを請求した場合、たとえ賃借人が立退料を受け取ったとしても、代わりの土地や建物をすぐに見つけることは困難です。住宅の借家契約の場合は、見つかるまでホテルに泊まることになるとしても、事業のために借家契約を締結していた場合は、その事業活動の停止を余儀なくされる可能性もあります。そこで、賃借人に不当な不利益を与えることがないように、一定期間前に更新拒絶の通知をすることを要求しています。

なお、契約期間の定めがない借家契約の場合は、契約期間の満了という事態が生じないので、契約更新は行われず、いつでも解約の申入れをして借家契約を終了させることができます。そうであっても、賃貸人からの解約申入れには正当事由が必要です。そして、解約の申入れがなされた日に借家契約が終了するわけではなく、申入れの日から6か月を経過したときに終了します。

▍立退き交渉が成立した場合は合意書を作成する

借地契約や借家契約の終了にともなう賃貸物からの立退きに関しては、賃借人にとって、借り受けた土地や建物が生活や事業の基盤となっているのが通常であるため、賃貸人による立退きの求めに賃借人が素直に応じないことが多いといえるでしょう。

借地契約や借家契約の終了について、賃貸人からの更新拒絶に正当事由があるかどうかが裁判に発展すれば、裁判所による判断がなされ

合　意　書

　賃貸人（以下「甲」という）と賃借人（以下「乙」という）は、甲・乙間にて令和○年○月○日に締結した不動産（以下「本物件」という）の賃貸借契約（以下「原契約」という）につき次のとおり合意した。

第1条　甲と乙は、原契約を令和○年○月○日、合意の上、解除したことを互いに確認する。

第2条　甲は乙に対し、本物件の明渡しを令和○年○月○日まで猶予するものとし、乙は同日までに本物件を甲に明け渡すものとする。

第3条　甲は乙に対して、立退料として 金○○○○ 円 を、乙に持参して支払うものとする。

　　　　　本物件の明渡し時（令和○年○月○日）　　　金○○○○円

第4条　甲は原契約締結の際、敷金として乙から交付された金△△△△ 円を、本物件の明渡し時に乙に返還するものとする。

　以上、合意の成立を証するため本書2通を作成し、甲・乙のそれぞれが署（記）名押印の上、各1通を保有するものとする。

令和○年○月○日

甲

　　住所　東京都○○区○○町○番○号　　　　　氏名　○○○○　㊞

乙

　　住所　東京都○○区○○町○番○号　　　　　氏名　□□□□　㊞

ます。このとき、立退料の有無やその金額の妥当性についても判断されるため、賃貸人が支払う立退料の金額が明確になります。しかし、正当事由があるとして賃借人の立退きが認められたとしても、裁判には立退料以外にも費用がかかり、判決までに時間がかかるため、長期にわたって立退きが行われないことも想定されます。そのため、当事者間でよく話し合い、立退きを実行できるようにすることが望ましいでしょう。

　賃貸人としては、話合いの場で立退料の支払いを賃借人に申し出ると、争いにならず立退きが実行できることがあります。当事者の話合いで立退きが決まった場合は、立退きに合意した事実や立退料などの条件について、必ず合意書を作成します。

14 立退料の支払いの不要な場合

借地契約・借家契約で立退料が不要になる場合

　立退料は、賃借人の側に立退きをすべき事情がないときに、賃貸人の立退き請求の正当性（更新拒絶の正当事由）を補完する要素となります。しかし、賃貸借契約（借地契約・借家契約）において、①一時使用目的の場合、②賃貸借契約が定期の場合、③賃借人に債務不履行がある場合には、賃借人は立退きをするべき事情が認められるため、賃貸人は立退料を支払う必要がありません。

　①一時使用目的の借地契約としては、たとえば、イベント期間中だけ土地を借り受ける場合などが挙げられます。一時使用目的の建物賃貸借契約としては、自宅をリフォームしている間だけ他の建物を借り受けて居住する場合や、イベント期間中だけ建物を借り受ける場合などが挙げられます。一時使用目的の借地契約や建物賃貸借契約を締結した場合は、契約期間（存続期間）が満了しても、賃貸人が異議を述べると更新がなされません。このとき、賃貸人が異議を述べて立退きを請求する際に、正当事由や立退料の支払いは必要ありません。

　②定期借地契約（定期借地権）とは、契約更新がないことをあらかじめ定めておく借地契約です。同様に、定期建物賃貸借契約は、契約更新がないことをあらかじめ定めている建物の賃貸借契約をいいます。したがって、契約期間の満了により終了すると、再契約をしない限り、賃借人は土地から立退きをしなければならないため、正当事由の主張や立退料の支払いは必要ありません。

　③賃借人の債務不履行としては、賃料の不払いや、契約目的に沿った使用・収益をしないなど、賃借人が賃貸借契約に基づく義務に違反する場合などが挙げられます。これは賃借人の債務不履行であるた

● 立退料の支払いの不要な場合 ………………………………………

借家契約	一時使用目的の建物賃貸借契約	定期建物賃貸借契約	賃借人の債務不履行
借地契約	一時使用目的の借地契約	定期借地契約	賃借人の債務不履行
賃借人が立退きをすべき場合	契約期間が終了して賃貸人が異議を述べると（正当事由は不要）、賃借人は立退きをしなければならない	契約期間が終了すると、賃貸人との合意に基づき再契約をしない限り、賃借人は立退きをしなければならない	当事者間の信頼関係が破壊されて、賃貸借契約が解除されると、賃借人は立退きをしなければならない

め、賃貸人は、信頼関係が破壊されている事情があれば、賃貸借契約を解除し、立退きを請求することができます。この場合、解除の原因を作った不誠実な賃借人に何らの補償を与える必要性もないことから、立退料の支払いをする必要はありません。

その他立退料が不要になる場合

　立退料は、賃貸借契約の更新拒絶の正当事由を補完するものですが、賃貸人と賃借人との間で賃貸物を使用する必要性に相当程度の差がある場合は、立退料がなくても正当事由が認められることがあります。たとえば、借地契約の賃貸人にとっては、生活や事業運営のため、借地の使用が生計を維持する上で必要不可欠であるのに対して、賃借人に関しては、借地の使用について賃貸人ほどの強い必要性が認められないような場合です。

　裁判例では、賃貸人が借地に病院兼自宅として用いる建物を建築する必要性が高いのに対して、賃借人の方は、借地上にある老朽化した建物をほとんど使用していなかったという事実関係の下、賃貸人の借地を使用する必要性が、明らかに賃借人の必要性を上回っているとして、立退料の支払いが不要であると判断されたものがあります。

15 借家契約と立退料の相場

どのような場合に立退料が必要になるのか

借家契約（建物の賃貸借契約）については、契約期間の定めがある場合、期間満了時に賃貸人が契約を終了させるには、正当事由のある更新拒絶をすることが必要です。これに対し、契約期間の定めがない場合は、いつでも解約の申入れができますが、賃貸人から解約申入れをするには、正当事由が必要です。この正当事由を補てんする要素のひとつとして立退料の支払いが求められます。

借家権における立退料の相場

立退料の相場は、どのような目的で借家契約が締結されたかにより異なります。たとえば、居住目的で借家契約が締結された場合、賃借人が次の住居を借りるのに必要な費用が立退料の額になります。次の住居を借りるのに必要な費用は、敷金、礼金、引越し費用、不動産会社を利用した場合の仲介手数料などです。

このようにして決定される立退料は、あくまで相場であって、さまざまな事情により変動します。たとえば、借家契約の目的となった建物が老朽化しており、大規模修繕が必要となっている場合の立退料については、相場よりも安い金額となる可能性があります。

どのような事情を考慮するのか

立退料を算定する際には、さまざまな事情を考慮しなければなりません。借家契約といっても、建物の現状や当事者の事情など、考慮する内容はさまざまです。そのため、立退料も一律には算出できません。立退料の算定で考慮すべき事情は、①賃貸人の事情、②賃借人の事情、

● 立退料の算定にあたり考慮すべき事約（借家契約）…………

事　情	内　容
① 賃貸人の事情	・賃貸人やその家族に建物を住居として使用・収益する必要がある ・賃貸人やその家族が事業に使用・収益する必要がある ・建物の劣化や老朽化 ・建物について相続が生じた場合
② 賃借人の事情	・賃借人が賃貸借契約を継続して、建物を使用・収益する必要がある ・賃借人が立退きをするに際しての負担の程度 ・賃借人が建物を使用・収益していた期間
③ その他の事情	・近隣の建物の賃料、敷金、立退料などの事情 ・建物の周辺の環境など、当事者の事情に含まれないさまざまな事情

③その他の事情に分けて考えることができます。

① **賃貸人の事情**

　まず、賃貸人やその家族が建物を住居として使用・収益する必要があるという事情が考慮されます。たとえば、賃貸人が居住する家屋が台風の影響で倒壊した場合、賃貸人は新たに住居を探さなければなりません。この場合、他人から家屋を借りるのではなく、自分が所有している家屋に住もうと考えるのが一般的です。その他にも、賃貸人の息子が結婚し、賃貸人と別居して生活することになったときも、賃貸人の家族が使用・収益する必要がある場合として考慮されます。

　次に、賃貸人やその家族が事業のために使用・収益する必要があるという事情が考慮されます。たとえば、賃貸人が飲食系の会社から独立し、賃貸している建物で飲食店を開業することになったとき、このような事情が立退料の算定において考慮されます。

　さらに、借家契約においては、建物の劣化・老朽化も考慮される事情のひとつです。建物の劣化・老朽化が進んでいる場合、その建物を

修繕するか、新たに建て直す（新築する）必要があります。そのまま放置して建物が倒壊などした場合、賃貸人は、重要な財産を失うことになる他、損害賠償義務が発生する可能性もあります。建物の修繕や新築をするには、賃借人に立ち退いてもらう必要があるため、このような事情が考慮されます。なお、建物が劣化・老朽化していないとしても、耐震性を満たす必要があるなど修繕の必要があれば、このような事情も考慮されます。

　また、賃貸物である建物について相続が発生したという事情も考慮されます。賃貸人が死亡した場合、賃貸物は相続の対象となります。建物が相続されると賃貸人の地位も相続されるため、賃貸人に変更が生じます。このとき、相続人は相続税を納付しなければなりません。建物は高額な財産であるため、相続税も高額になる場合があり、相続人が相続税を支払うために建物を売却しなければならなくなることもあります。このような事情も立退料の算定に考慮されます。

　なお、立退料の額について、賃貸人が後から増額の申し出をした場合には、更新拒絶の正当事由の判断において、増額される分の金額も考慮すべき要素とすることが可能です。

② **賃借人の事情**

　賃借人が借家契約を継続し、建物を使用・収益する必要があるという事情が考慮されます。たとえば、賃借人の子どもが義務教育中であるために引き続き住居として使用・収益する必要があることや、事業を行うために建物の使用・収益を継続する必要があるなどです。

　賃借人が建物を使用・収益する必要性は、賃貸人やその家族が建物を使用・収益する必要性と比較されることがあります。たとえば、事業目的で借家契約が締結されている場合、建物から立ち退いて移転すると大幅な減収につながるときには、賃借人の使用・収益する必要性がより強く考慮されます。一方、賃貸人の住居が倒壊し、他の住居を見つけることが困難で、借家契約の目的である建物に居住する必要が

あるときには、賃貸人の事情がより強く考慮されます。

　賃借人が立退きをする際に、どの程度の負担を必要とするかという事情も考慮されます。たとえば、単身の賃借人であれば、引越しも容易にできるかもしれませんが、同居の親族が多数いる場合、立退きを要求すると賃借人に多大な負担を強いることになります。

　賃借人が建物を使用・収益していた期間も考慮されます。たとえば、住居目的で借家契約が締結され、これが長期にわたり継続していた場合に立退きを要求すると、それまで築いてきた人間関係を変えることになります。新しい環境に適応するのは容易ではなく、賃借人は大きな負担を強いられることになりかねません。

③　その他の事情

　立退料の算定には、近隣の建物の賃料、敷金、立退料などの事情も考慮されます。建物の周辺の環境など、当事者の事情に含まれないさまざまな事情も考慮されます。

▌借家権価格と借家権割合

　立退料の算定の基礎となる基準として借家権価格があります。借家権価格とは、借家権の評価額のことです。ただ、借家権は賃貸人の承諾がなければ譲渡されず、裁判所による代諾許可の制度（⇨ P.173）も適用されないため、代諾許可の制度がある借地権と異なり、借家権が取引の対象になることが少なく、客観的な財産的評価が行われていません。

　そこで、借家権価格を決めるための１つの方法として、借家権割合を利用する方法があります。借家権割合とは、土地と建物に占める借家権の割合のことで、その数値は30％が一般的です。借家権割合を用いて借家権価格を求めるときは、「（土地価格×借地権割合×借家権割合）＋（建物価格×借家権割合）」によって算出します。

16 借地契約と立退料の相場

どのような場合に必要になるのか

　借地権（借地契約に基づく賃借人の権利）についても、賃貸人が借地契約の更新を拒絶する場合は、立退料の支払いが求められます。

　借地契約の賃借人が契約更新を賃貸人に求めたのに対し、賃貸人が正当事由をもって更新拒絶をしなければ、契約が更新されたとみなされます。また、賃借人が借地契約の期間満了後も継続して使用・収益する場合は、正当事由をもって更新拒絶をすることを伝えなければ、同じく契約が更新されたとみなされます。これらの正当事由を補てんする要素として、立退料の支払いが求められます。

　立退料を算出する場合は、相場と比較することが重要です。たとえば、相場を大きく下回る立退料であれば、賃借人は更新拒絶に納得しませんし、賃借人に大きな負担を強いることにもなります。

　借地権において立退料を算出するには、借家権と同様にさまざまな事情が考慮されます。ここでも①賃貸人の事情、②賃借人の事情、③その他の事情、に分けて考えることができます。たとえば、賃貸人やその家族が土地を使用・収益する必要があることや、借地契約の継続期間、賃借人が他の土地に移転するために必要となる費用など、さまざまな事情が考慮されます。

借地権価格と借地権割合

　借地権の立退料を算定する場合に重要な基準となるのが借地権価格です。借地権価格は、借地権の評価額のことです。国土交通省が公表している不動産鑑定評価基準においても、借地権価格について「借地借家法に基づき土地を使用・収益することにより借地人（賃借人）に

● 借地権と立退料の相場 ···

立退料の算定 ⇒ ①賃貸人の事情、②賃借人の事情、
③その他の事情を考慮して算定される

さらに ↓

借地権の立退料の算定にあたっては「借地権価格」が
重要な基準になる

★借地権価格：借地権の評価額
⇒ 借地権割合（土地の権利のうち借地権の占める割合）をもとに
算出される

（例：土地の評価額：1000万円、借地権割合が70％の場合）

借地権価格 ⇒ 1000万円×70％＝700万円になる

帰属する経済的利益を貨幣額で表示したもの」と規定されています。

　借地権価格を算出するために用いられるのが借地権割合です。借地権割合とは、土地の権利のうち借地権の占める割合です。借地権割合は、全国の土地によって異なる割合が定められています。

　具体的には、東京都の住宅地では、借地権割合が60％〜70％になることが多いようです。また、東京都の商業地では80％〜90％になることが多いようです。借地権割合は、国税局が公表する「路線価図・評価倍率表」のサイトで確認することができます。「路線価図・評価倍率表」は、インターネット上から誰でも確認できるものです。

　借地権価格は「土地価格×借地権割合」によって算出することができます。たとえば、土地の評価額が1,000万円で、借地権割合が70％だとすると「1,000万円×70％＝700万円」となります。

　借地権価格の算出方法は、その土地の利用状況によっても異なります。たとえば、取引慣行が定着している土地かそうでないかによって異なることがあります。そのため、具体的な計算については、不動産鑑定士に相談するとよいでしょう。借地権価格については、立退料を算出するためにも用いられますが、その他にも、相続税を計算する際にも用いられます。

将来発生する賃料債権の譲渡

　賃貸借契約に基づいて、賃貸人は、賃借人に対して、賃料の支払いを求めることができます（賃料支払請求権）。賃料支払請求権は、賃借人という特定の人に対する権利であるため、債権にあたります。そして、債権を持つ者は、他人に対して、自らの債権を譲渡できます。これを債権譲渡といいます。

　たとえば、賃貸人Aが賃借人Bとの間でアパートの一室についての借家契約を締結しており、賃料は翌月分を毎月25日に支払うものと定めていたとします。この場合、支払日を過ぎてもBが支払いを遅延している賃料債権は、すでに発生しており、しかもBの支払いによって消滅していない債権であるため、問題なく第三者Cに対して譲渡ができます。

　これに対して、まだ支払日が過ぎていない賃料債権は、いまだ発生していない債権にあたります。民法では、このように将来的に発生する債権（将来債権）の譲渡ができることを明確にしています。そのため、前述の例で、賃貸人Aは、いまだ発生していない賃借人Bに対する賃料債権についても、第三者Cに対して譲渡ができます。

　ただし、将来発生する賃料債権については注意が必要です。たとえば、前述の例で、賃貸人Aが、第三者Cに対して、将来発生する分を含めた賃料債権を譲渡した後、Bの賃料延滞を理由にAB間の賃貸借契約が解除された場合、第三者Cは、解除後の賃料債権を取得できなくなります。解除後は賃料債権が発生しないからです。そのため、将来発生する賃料債権の譲渡にあたっては、とくに賃料債権を譲り受ける人（第三者C）は、債権が発生しないリスクを認識した上で、譲渡を受ける必要があります。

第5章

契約の終了と
法律問題

1 解　除

どのような場合に賃貸借契約を解除することができるか

　当事者間の契約関係を、一方当事者の意思表示によって、契約期間の途中で終了させることを解除といいます。これに対し、契約関係の終了が当事者間の合意によるときは合意解除と呼ばれます。

　賃貸借契約の解除が行われるおもな場面として、一方当事者の債務不履行による解除や、賃借権の無断譲渡や賃貸物の無断転貸による解除があります。以下、それぞれの解除について説明します。

債務不履行による賃貸借契約の解除

　賃貸借契約の当事者の一方が、契約に基づいて負担すべき債務を履行しない場合、相手方は、債務不履行を理由として賃貸借契約を解除することができます。解除が行われると、賃貸借契約の期間が満了していなくても、その時点で強制的に賃貸借契約が終了します。

　債務不履行の典型例としては、賃借人が賃料を滞納している場合や、賃貸借契約で定められた賃貸物の用法を遵守しない場合（用法遵守義務違反）が挙げられます。ただし、賃借人の賃料の滞納がわずかであるなどのように、不履行の程度が軽微である場合には、債務不履行を理由として賃貸借契約を解除することができません。

賃貸借契約の解除の制限（信頼関係破壊の法理）

　賃貸借契約は、賃貸人と賃借人という当事者相互の信頼関係を基礎として、契約関係が継続するものです。このことから、債務不履行による解除には一定の制限が及ぶとされています。具体的には、賃貸借契約の継続中に、当事者の一方が、相手方との信頼関係を裏切って契

● 信頼関係破壊の法理 ・・・

賃貸人　　　　　　　　　　　　　　　　　　　　　　　　賃借人

建物の賃貸借契約

賃借人の債務不履行（ex. 賃料の滞納）

賃貸人は賃貸借契約を解除できるか？

⇒賃貸借契約の基礎である当事者間の信頼関係が破壊されたといえなければ、契約の解除は認められない
【信頼関係破壊の法理】

（例）　長期間賃料を支払わず（３か月以上が目安）、賃貸人が賃料を支払うように催告しても無視をしているような場合には、信頼関係が破壊されたといえ、賃貸人は賃貸借契約を解除しうる

約関係の継続を著しく困難にさせる行為をした場合に限り、相手方による賃貸借契約の解除が可能になります。つまり、債務不履行があるからといって、直ちに賃貸借契約の解除ができるわけではなく、当事者間の信頼関係を破壊する不履行である場合に限って、債務不履行による賃貸借契約の解除ができることを意味します。これを信頼関係破壊の法理といいます。

　では、どのような場合に、当事者間の信頼関係が破壊されたといえるのでしょうか。この点は、賃貸人に重大な経済的損失を与えるような場合に、当事者間の信頼関係が破壊されたものと考えます。具体的には、賃料の滞納が長期間にわたる場合や、著しく不相当な用法によって賃貸物を損傷した場合などです。注意が必要なのは、１か月分や２か月分の賃料の延滞だけでは、信頼関係が破壊されたとはいえないと考えられている点です。これに対し、３か月以上の長期間、賃料を延滞し、賃貸人が賃料の支払いを催告しても賃借人に支払いの意思がなく、何度催告しても無視したり音信不通や行方不明となっていた

りするような場合には、裁判所において信頼関係が破壊されたと判断されるでしょう。この場合は、賃料の支払いが期待できず、そのまま契約関係を継続すると賃貸人に重大な経済的損失を与えるからです。

　債務不履行による解除は、債務を履行しない債務者に対し、相当の期間内に履行するように催告し、その期間内に履行がない場合に解除できるとするのが原則です。履行の催告が必要とされるのは、債務を履行していない債務者に対し、債務を履行することで解除を回避する最後のチャンスを与えるためです。しかし、債務者が債務を履行する意思がないことを明確に表示した場合などは、最後のチャンスを与える必要がないため、履行の催告をせず直ちに賃貸借契約の解除ができます。たとえば、賃借人が賃料を支払う意思がないことを明確に表示した場合には、賃貸人は、賃料の支払いを催告しなくても、直ちに賃貸借契約を解除できます。

　なお、賃貸借契約に無催告解除特約を設けている場合は、当事者間の信頼関係が破壊された状態に達していれば、上記のような相当期間を定めた催告をせずに直ちに賃貸借契約の解除ができます。

無断譲渡・無断転貸による賃貸借契約の解除

　賃借人は、賃貸人の承諾を得なければ、賃借権の譲渡や賃貸物の転貸を適法に行うことができません。賃借人が賃貸人の承諾を得ずに賃借権の譲渡（無断譲渡）や賃貸物の転貸（無断転貸）を行い、第三者に賃貸物の使用・収益をさせた場合には、賃貸人は、賃借人との間の賃貸借契約を解除することができます。ただし、無断譲渡・無断転貸にも信頼関係破壊の法理が適用され、当事者間の信頼関係を破壊しない特段の事情があるときは、無断譲渡・無断転貸を理由とする解除が認められません。たとえば、賃借人が妻子に土地の賃借権を譲渡することが信頼関係を破壊しないとした最高裁判所の判決があります。

　その一方で、賃貸人の承諾を得て適法に転貸が行われた場合には、

転借人を保護するため、賃貸人は、賃借人との間の賃貸借契約を合意解除したことに基づき、転借人に対して賃貸物の返還を請求できないことになっています。ただし、賃貸人が賃借人の債務不履行による解除ができる状況で合意解除が行われた場合に限り、賃貸人が賃貸借契約を合意解除したことに基づき、転借人に対して賃貸物の返還を請求できるという例外があります。

解除権の行使の方法

　賃貸借契約の解除は、相手方に対する意思表示（解除通知）によって行う必要があります。相手方の承諾は不要です。解除通知は書面でも口頭でも可能ですが、解除通知を行ったことを明確にするために、配達証明付きの内容証明郵便（⇨ P.80）によって行うのが一般的です。

　合意解除も書面・口頭いずれでも可能ですが、賃貸人と賃借人との間で「賃貸借契約を解除することについて合意した」という内容の書面を取り交わすのが一般的です。

賃貸借契約の解除の効果

　賃貸借契約の解除の効果は、契約の解除の効果が契約締結時にさかのぼって発生するという原則には従わず、将来に向かってのみ発生します。したがって、賃貸借契約を解除しても、初めから賃貸借契約がなかったことになるわけではありません。解除によって初めから賃貸借契約がなかったことになれば、賃貸人は今まで受け取った賃料を賃借人に返還しなければならないことになる一方で、賃借人も今までの使用・収益によって得た利益を賃貸人に渡さなければならなくなってしまいます。解除によってこのような混乱が生じるのを防ぐため、賃貸借契約の解除は、他の契約とは異なり、将来に向かってのみ効果が発生するとされています。

賃貸借契約の更新

賃貸借契約の更新とは

　契約期間の定めのある建物賃貸借契約（借家契約）や建物所有目的の土地賃貸借契約（借地契約）では、賃貸借契約の更新をすることにより契約関係が継続されます。賃貸借契約の更新には、合意更新と法定更新があります。

　合意更新とは、当事者間の合意により契約を更新することをいいます。たとえば、借家契約の期間が2年と定められていた場合、その契約期間（存続期間）が満了する前に、賃貸人と賃借人との間で、更新後の契約条件を定めて合意すれば、賃貸借契約が更新されます。

　これに対し、法定更新とは、法律が定める一定の事由が生じることで、契約が更新されたとみなされる制度です。借家契約であるか借地契約であるかによって、法定更新の要件が異なります。

　期間の定めのある借家契約の場合は、①契約期間が満了する1年前から6か月前までの間に、相手方に更新しない旨、または条件を変更しなければ更新しない旨の通知をしなかったとき、または、②いずれかの通知をしたものの、期間満了後も賃借人が賃貸建物の使用を継続し、賃貸人が遅滞なく異議を述べなかったときに、従前と同一の条件で更新したとみなされます。ただし、法定更新後の借家契約は、契約期間の定めがないものとされます。

　借地契約の場合は、借地上に建物が存在する場合で、①期間満了時に賃借人が契約の更新を請求し、賃貸人が遅滞なく異議を述べなかったとき、または、②期間満了後も賃借人が土地の使用を継続し、賃貸人が遅滞なく異議を述べなかったときに、従前と同一の条件で更新したとみなされます。ただし、法定更新後の借地契約の期間は、1回目

● 法定更新

 ① 期間の定めがある借家契約 or 借地契約

賃貸人　　　　　　　② 契約期間の満了　　　　　　　賃借人

【借家契約の場合】

以下の場合に従前と同一の条件で更新したとみなされる
（ただし、契約期間の定めはないものとされる）

①契約期間が満了する1年前から6か月前までの間に、相手方に更新をしない旨、または条件を変更しなければ更新をしない旨の通知をしなかったとき、または、②いずれかの通知をした場合でも、契約期間の満了後も賃借人が賃貸建物の使用を継続し、賃貸人が遅滞なく異議を述べなかったとき

【借地契約の場合】

以下の場合に従前と同一の条件で更新したとみなされる
（ただし、契約期間は1回目の更新時は20年、2回目以降の更新時は10年）

借地上に建物が存在する場合で、①契約期間の満了時に賃借人が契約の更新を請求し、賃貸人が遅滞なく異議を述べなかったとき、または、②契約期間の満了後も賃借人が土地の使用を継続し、賃貸人が遅滞なく異議を述べなかったとき

の更新時は20年間、2回目以降の更新時は10年間です。

┃賃貸人による更新拒絶と正当事由

　賃貸人が借家契約や借地契約の更新を拒絶する（更新について異議を述べる）には、それを正当化できる理由（正当事由）が必要です。正当事由の有無は、賃貸物について当事者双方の使用・収益の必要性をおもな判断基準とした上で、建物の利用状況、賃貸借契約に関する従前の経過、立退料の支払いの有無などを総合考慮して判断されます。賃貸人が賃貸物を自ら使用・収益する必要があるからといって、それだけで直ちに正当事由が認められるわけではありません。

3 原状回復義務・収去義務

原状回復義務とは

　賃借人は、賃貸物について原状回復をする義務を負います。原状回復義務とは、賃貸物の引渡しを受けた後、賃貸物の損傷が発生した場合において、賃貸借契約の終了時に、その損傷を元に戻す義務のことです。賃借人が原状回復義務を負う損傷については、賃借人が復旧・修理の費用を負担しなければなりません。

　原状回復義務に関しては、アパート・マンションなどの建物の賃貸借契約において、賃貸人との間で、賃借人が原状回復義務を負う「損傷」の範囲についてトラブルが頻繁に発生しています。そこで、民法は、賃借人が原状回復義務を負う「損傷」の範囲を明示しています。具体的には、賃借人の通常の使用・収益によって生じた賃貸物の損耗（通常損耗）と、賃貸物の経年変化は、原状回復義務を負う「損傷」の範囲に含まれないことを明示しました。たとえば、タバコのヤニや臭いが付着した壁・天井は、通常損耗にも経年変化にもあたらないので、賃借人が原状回復義務を負いますが、壁紙の黄ばみや日焼けなどは、経年変化にあたるので、賃借人が原状回復義務を負わないことになります。

　さらに、民法では、賃貸物の損傷の発生原因が、地震や洪水などの天災や、隣家で発生した火事による延焼のような、賃借人の責任によって生じたものではない場合（賃借人に帰責事由がない場合）にも、賃借人は原状回復義務を負わないことを明示しています。このような場合にまで賃借人に原状回復義務を負わせるのは酷だからです。

　なお、原状回復義務に関しては、後述するように、一定の要件のもとで、賃貸人と賃借人との間で特約を結ぶことが可能です。

● 原状回復

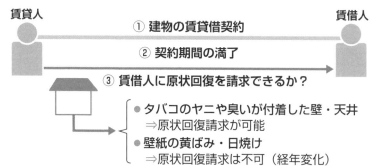

収去義務とは

　賃借人は、賃貸物を受け取った後に賃貸物に付属させた物がある場合には、賃貸借契約の終了時に、賃貸人から収去を求められた際に、その物を収去する義務を負います。これを収去義務といいます。収去費用は賃借人が負担しなければなりません。ただし、賃借物から分離できない物や、分離するのに多額の費用を要する物については、賃借人は、付属させた物の収去義務を負いません。

　これに対し、賃借人が賃貸物に付属させた物について、賃貸借契約の終了時に賃貸人から収去を求められなかったとしても、賃借人は自らその物を収去することができます。これを付属させた物に対する賃借人の収去権といいます。たとえば、賃貸物の引渡しを受けた後に取り付けたエアコンなどが含まれます。賃借人が収去権を行使する場合の収去費用は賃借人が負担しなければなりません。前述の例で、賃借人が賃貸物に付属させたエアコンを収去する際に、賃貸物の壁に空いた穴などの補修を、賃借人自らが費用を負担して行うことが必要です。ただし、収去義務と同様に、賃借物から分離できない物や、分離するのに多額の費用を要する物については、賃借人は、付属させた物の収去権を行使することができません。その場合、付属した物の設置などに要した費用が必要費あるいは有益費にあたれば、賃貸人に対して費

用償還請求ができるにとどまります。

　なお、賃借人が付属させた物について、建物の賃貸借契約（借家契約）においては造作買取請求が認められる場合があり、建物所有目的の土地の賃貸借契約（借地契約）においては建物買取請求が認められる場合があります（⇨ P.142）。

▎国土交通省の「原状回復をめぐるトラブルとガイドライン」

　とくに賃貸住宅に関する借家契約については、国土交通省が、原状回復をめぐるトラブルの防止・解決の基準として「原状回復をめぐるトラブルとガイドライン」（以下「ガイドライン」という）を公表しています。ガイドラインは、賃貸住宅に関する借家契約を締結する際に、賃貸人および賃借人が理解しておくべきルールを示したものです。ガイドラインは法律ではなく、契約当事者を法的に拘束するものではありませんが、過去の最高裁判所の判例などを踏まえて作成されています。したがって、賃貸人と賃借人との間で、ガイドラインとは異なる特約をすることもできますが、ガイドラインを十分に考慮した上で内容を取り決めた方がよいでしょう。

　ガイドラインでは、賃貸住宅の損耗・毀損について、床やカーペット、壁、天井などの部位別の具体例を挙げて、賃貸人と賃借人のどちらが原状回復費用を負担すべきかを整理しています。その他にも、ガイドラインでは、賃借人が原状回復義務を負う場合でも、必ずしも全額の原状回復費用を負担すべきわけではなく、建物や設備などの経過年数を考慮して、賃借人の原状回復費用の負担割合を定めるとしています。

　なお、ガイドラインは賃貸住宅以外の借家契約を対象としていませんが、小規模の店舗やオフィスの場合は、賃貸住宅と同視されることもあるため、ガイドラインを参考にするのが賢明です。

賃貸建物に関する通常損耗補修特約

　賃貸人と賃借人との間で、賃貸借契約における原状回復義務について、民法の規定やガイドラインとは異なる特約を結ぶことができます。よく行われているのは、賃貸建物の通常損耗や経年変化を補修する費用を賃借人の負担とする特約です。この特約を通常損耗補修特約といいます。

　しかし、通常損耗補修特約は、賃借人に対して、民法の規定やガイドラインでは負担する必要がないとされている通常損耗や経年変化の補修費用を負担させるもので、賃借人に特別な義務を負わせる内容です。このような特約を無制限に認めてしまうと、賃借人の負担が大きくなりすぎてしまいます。そこで、最高裁判所の判例やこれを踏まえたガイドラインでは、一定の要件を充たす場合に限って、通常損耗補修特約を含めた原状回復に関して賃借人に特別な義務を負わせる特約が有効となるとしています。

　つまり、通常損耗補修特約などを結ぶ必要性や客観的・合理的理由が存在し、賃借人が特約によって通常の原状回復義務を超えた修繕などの義務を負うことを認識しており、賃借人が特約による義務を負担するとの意思表示をしていることが必要です。

　その上で、賃貸人と賃借人との間で、通常損耗補修特約などを締結するとの明確な合意が存在することも必要です。たとえば、通常損耗補修特約などの内容を賃貸借契約書に定め、その内容を賃貸人が契約前に賃借人に開示し、具体的に説明して賃借人の十分な認識を得られていれば、明確な合意が存在するといえます。

　以上の要件を充たさない場合は、最高裁判所の判例に反することになることから、通常損耗補修特約を含めた原状回復に関して賃借人に特別な義務を負わせる特約が無効となりますので、賃貸人としては契約時に十分に注意することが必要です。

4 造作買取請求・建物買取請求

造作とは

造作とは、建物の賃貸借契約（借家契約）の期間中に、賃貸建物に付け加えられた賃借人の所有物であり、賃貸建物の使用に客観的な便益を与える物のことです。たとえば、畳、天戸、ガラス戸、障子、上げ板、釣り棚、水道設備、電灯引込線、エアコンなどを賃借人が購入して賃貸建物に取り付けた場合、これらの物が造作にあたります。

造作は、取外しが容易な物でなければなりません。取外しが困難な物や、取り外すのに多大な費用がかかったり、取り外すことで建物に重大な損害が生じたりする物は、建物の構成部分と扱われ、造作にはあたりません。たとえば、フローリングを交換した場合、交換後のフローリングを取り外すのは困難であるため、それは建物の構成部分となり、造作にはあたりません。

造作買取請求とは

借家契約の賃借人は、賃貸人の同意を得て賃貸建物に造作を付け加えた場合には、借家契約の期間満了や解約申入れといった賃貸借契約の終了時に、賃貸人に対し、造作を時価で買い取るように請求することができます（造作買取請求権）。賃借人は、賃貸物に付属させた物を契約終了時に収去しなければならないため（収去義務）、本来であれば、造作を取り外して賃貸建物を賃貸人に返還しなければなりません。しかし、賃貸人としては、造作が付属したままの状態で賃貸建物の返還を受ければ、造作による賃貸建物の価値の増加という利益を享受することができます。その一方で、自分の費用で造作を取り付けた賃借人にとっては、損失ということになります。そこで、賃貸人に賃

● 造作買取請求 ·····································

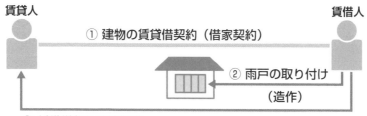

賃貸人　　　① 建物の賃貸借契約（借家契約）　　　賃借人

② 雨戸の取り付け

（造作）

③ 賃貸借契約の終了時
　★賃借人は、賃貸人の承諾を得て建物に取り付けた雨戸（造作）を、
　　賃貸人に買い取るよう求める＝造作買取請求

⇒ 賃借人と賃貸人との間に造作についての売買契約が成立する

貸建物の価値の増加という利益をもたらしつつ、賃借人に不利益が生じることを回避するため、借地借家法は借家契約の賃借人に造作買取請求権を認めています。

　造作買取請求権は形成権とされています。形成権とは、権利者の一方的な意思表示で法律関係を変動させる権利です。したがって、賃借人が賃貸人に対し、借家契約が終了した時に、「建物に取り付けた造作を買い取ってほしい」と告げるだけで、賃借人と賃貸人との間に、造作についての売買契約が成立したのと同様の効果が発生します。

　それでは、賃借人が造作買取請求権を行使したのに、賃貸人が造作の代金を支払わない場合はどうなるのでしょうか。まず、造作の代金の支払いと造作の引渡しは同時履行の関係に立つことから、賃貸人が造作の代金を支払うまで、賃借人は造作の引渡しを拒むことができます。

　ただし、賃貸人が先に建物自体の引渡しを求めてきたら、賃貸人が造作の代金を支払っていなくても、賃借人は建物の引渡しを拒むことはできません。造作代金債権は、あくまでも造作に関して生じたものであって、建物に関して生じたものではないことがその理由です。しかし、建物を引き渡せば、結果的に造作も賃貸人の手元に渡ってしまいます。したがって、賃借人としては、賃貸人と話し合いの上、造作

買取請求の意思表示を撤回する、あるいは売買契約を合意解除するなどして造作を取り外すか、または賃貸人に代金支払いを求めて訴えを起こすことになるでしょう。

なお、賃借人の債務不履行（賃料不払いなど）や無断転貸・無断譲渡によって賃貸借契約が解除された場合には、賃借人が造作買取請求権を行使することはできません。その場合でも、当事者間の合意により賃貸人が造作を買い取ることは可能です。

造作買取請求は特約で排除できる

造作買取請求は、借家契約の賃借人の権利ですが、賃貸人と賃借人との間で、造作買取請求を排除するとの特約を締結することは可能です。したがって、賃貸人が賃借人の付け加えた造作を買い取りたくないと考えている場合は、あらかじめ賃貸借契約書において「賃借人が付け加えた造作は買い取らない」と定めておくことができます。

なお、造作買取請求を排除するとの特約を定めていても、賃借人が造作を付け加えることは可能です。

建物買取請求とは

借地契約において、賃借人が借地上に建物を建築している場合や、借地上に物を付属させている場合、賃借人は、借地契約の終了時に、賃貸人に対して借地上の建物や付属物を買い取るよう請求することができます（建物買取請求権）。建物買取請求権は、借地借家法が借地契約の賃借人に認めている権利です。賃借人が建物買取請求権を行使するためには、有効な借地権の存在が前提ですが、その借地権の存続期間が満了し、契約の更新がないことも必要になります。

建物買取請求権も造作買取請求権と同じく形成権です。そのため、賃借人が建物などを買い取るよう賃貸人に告げるだけで、賃借人と賃貸人との間に建物などについての売買契約が成立したのと同様の効果

が発生します。そして、賃借人が建物買取請求権を行使した場合には、賃借人の建物などの明渡義務と、賃貸人の建物などの代金支払義務とが同時履行の関係に立ちます。賃借人は、賃貸人が建物などの買取価格を支払うまで、建物などはもちろん、土地の明渡しにも応じる必要がありません。ただし、明渡しに応じない間は、建物買取請求権の行使とは別に、土地の賃料相当額を賃借人が賃貸人に対して支払わなければならないとされています。

　さらに、造作買取請求権と同様に、債務不履行（賃料不払いなど）や無断転貸・無断譲渡によって賃貸借契約が解除された場合には、賃借人による建物買取請求が認められません。解除の原因を作った賃借人を法的に保護する必要はないからです。

■ 建物買取請求は特約で排除できない

　建物買取請求は、造作買取請求と異なり、賃貸人と賃借人との間の特約によって排除できません。排除できない理由のひとつとして、賃借人に投下資本を回収させるという点があります。賃借人は借地契約を締結した後、建物の建築費や租税公課などを支出しています。借地契約が終了した時には、建物などを取り壊して更地にした上で賃貸人に返還しなければならないとすれば、賃借人に過大な経済的不利益を課すことになります。そこで、賃借人が少なくとも建物の建築費用などを回収できるように、建物買取請求権が認められています。

　建物買取請求の排除ができないその他の理由として、借地契約の終了時に建物をいちいち取り壊していると、社会的・経済的損失が大きいという点も挙げられます。

5 建物再築による当初の存続期間の延長

建物再築による存続期間の延長とは

借地借家法では、借地権の当初の（1回目の）存続期間の満了前に、借地上の建物が滅失した後、借地権者（借地人）が残りの存続期間を超えて存続すべき建物を借地上に再築し、借地権設定者がこれを承諾した場合に、借地権の存続期間の延長を認めています。

この場合に延長される存続期間は、借地権設定者が建物再築を承諾した日、あるいは建物が再築された日のいずれか早い日から20年間です。ただし、当事者間の合意に基づき20年間を超える存続期間の延長を設定したときは、その設定した期間について借地権の存続期間が延長されます。

通常、再築された建物は、少なくとも20年から30年程度は存続するため、借地権の存続期間中に建物を再築すると、残りの存続期間を超えてその建物が存続するのが一般的です。しかし、当初の存続期間満了による借地契約の終了により、存続可能な建物を取り壊さなければならないとすれば、不合理な経済的損失を生むおそれがあります。そのため、建物の存続期間と借地権の残った存続期間とを調整する意味で、このような規定が設けられています。

どのような場合に存続期間の延長が認められるのか

借地権の当初の存続期間中に「建物が滅失」した場合とは、時間の経過により建物が腐朽して、建物としての価値がなくなる状態をさします。その他、地震、火災、水害などの偶発的な事故で建物自体が存在しなくなったり、建物としての利用が困難になったりした場合や、建物を取り壊した場合なども含まれます。

● 建物再築による当初の存続期間の延長 ……………………

建物再築の承諾 or 2か月以内に異議を述べない
⇒ 借地権の当初の存続期間の延長（原則20年）

　そして、建物再築による借地権の当初の存続期間の延長が認められるには、借地権者が建物を再築した（借地権者が注文して建物を再築させる）ことが必要です。第三者が建物を再築しても、借地権の存続期間は延長されません。ただし、借地権設定者が承諾した適法な転借地権者が建物を築造したときは、借地権者が建物を築造した場合と同様に、借地権の存続期間の延長が認められます。

▌借地権設定者が承諾したとみなされる場合がある

　建物再築による借地権の当初の存続期間の延長が認められるには、借地権設定者が建物の再築について承諾を与えることが必要です。

　しかし、借地権者が、残りの存続期間を超えて存続すべき建物を再築することを借地権設定者に通知したにもかかわらず、2か月以内に借地権設定者が異議を述べなかったときは、借地権設定者が建物再築を承諾したものとみなされます。借地権者は、建物を再築するという内容の通知をすればよく、残りの存続期間を超えて建物が存続することまで通知する必要はありません。借地権者が異議を述べる場合は、建物再築について異議があることのみを伝えればよく、異議の理由を示す必要はありません。

6 借地契約の更新後における建物の滅失

更新後に借地権者が借地契約を解消する場合

　借地契約の更新後に借地上の建物が滅失した場合、借地権者は借地契約の解消を申し入れることができます。ここでいう「借地契約の解消」とは、借地権が地上権の場合は地上権の放棄、土地の賃借権の場合は賃貸借契約の解約となります。また、「建物が滅失」した場合については、前項目でとりあげた借地権の当初の存続期間中に建物が滅失した場合と同様に考えます。したがって、偶発的な事故で建物が存在しなくなった場合や、腐朽や損傷により建物としての利用が困難になった場合の他、建物を取り壊した場合などが含まれます。

　借地権者が借地契約を解消するときは、借地権設定者に対し、その意思を伝える必要がありますが、解消の理由を示す必要はありません。そして、借地契約を解消する意思表示が借地権設定者に到達してから3か月を経過すると、借地契約が消滅します。したがって、借地契約が消滅するまでの3か月間、借地権者は借地権設定者に対する地代の支払いを継続しなければなりません。

更新後に借地権設定者が借地契約を解消する場合

　借地契約の更新後に借地上の建物が滅失した後、借地権者が借地権設定者の承諾を得ずに、残りの存続期間を超えて存続すべき建物を再築した場合、借地権設定者は借地権者に対し、借地契約の解消を申し入れることができます。この制度は、借地権者が残りの存続期間を超えて存続すべき建物を、借地権設定者の承諾を得ずに再築したという事実があれば、正当事由がなくても借地契約の解消の申入れが可能であるという特色があります。

● 更新後の建物の滅失による借地契約の解消 ･･･････････････････

① 借地契約の更新

借地権設定者 ━━━━━━━━━━ 借地権者

② 借地上の建物の滅失

【借地権設定者】
借地権者が無断で残りの存続期間を超えて存続すべき建物を再築した場合、借地契約の解消の申入れが可能

【借地権者】
借地契約の解消の申入れが可能

申入れから３か月経過すると借地契約が消滅する

　借地権設定者が借地契約を解消する手続は、上記の借地権者による借地契約の解消の手続と同じです。借地契約を解消する意思表示が借地権者に到達してから３か月を経過すると、借地契約が消滅します。ただし、借地権が地上権の場合には、借地権設定者から地上権の消滅請求を行います。

更新後に借地権者が建物を再築する場合

　借地契約の更新後に借地上の建物が滅失した後、借地権者が残りの存続期間を超えて存続すべき建物を再築する場合は、借地権設定者の承諾が必要です。しかし、このような建物を再築すべきやむを得ない事情があるにもかかわらず、借地権設定者が再築を承諾しないときは、借地権者が、裁判所に対して借地権設定者の承諾に代わる許可（代諾許可）を求めることができます。借地権者が代諾許可を得れば、借地権設定者は、無断再築を理由とする借地契約の解消ができなくなります。

7 借地上の建物の賃借人の保護

借地上の建物の賃借人の保護とは

　借地権設定者と借地権者との間の借地契約とは別に、借地権者が借地上の建物の賃貸人として、賃借人との間で建物の賃貸借契約（借家契約）を締結することがあります。この場合、建物の賃借人は、建物だけでなく、建物が存立している敷地も使用・収益しています。

　しかし、借地権設定者と借地権者（建物の賃貸人）との間の借地契約が存続期間の満了にともなって消滅する場合、借地権に基づいて土地を使用・収益している建物の賃借人は、土地の使用・収益権限を失うことになります。そのため、建物の賃貸借契約が消滅していないにもかかわらず、突然、借地権設定者から、土地の明渡し（これにともなう建物からの退去も含みます）を請求されるおそれがあります。建物の賃借人が直ちに土地の明渡しに応じなければならないとすれば、居住場所をいきなり失うといった著しい不利益を受けることから、このような借地上の建物の賃借人の保護が必要になります。

借地上の建物の賃借人の具体的な保護内容

　借地借家法では、上記のような借地上の建物の賃借人を保護する規定を設けています。具体的には、借地上の建物の賃借人は、借地権の存続期間が満了する1年前までに、存続期間の満了について知らなかった場合には、裁判所の判断により、借地権設定者から土地の明渡しの請求を受けても、土地の明渡しについて相当期限の猶予を与えてもらうことができます。ただし、この規定により保護を受けるためには、賃借人自身が、裁判所に対して申立てを行う必要があります。裁判所が与える相当期限の猶予は、賃借人が存続期間の満了を知った日

● 借地上の建物の賃借人の保護 ··················

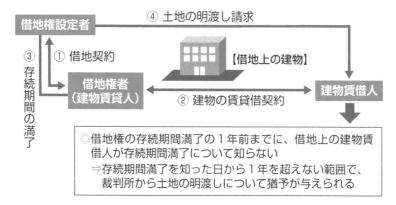

から1年を超えない範囲で定められ、その期限が到来すると建物の賃貸借契約が終了します。

　この規定が適用される「借地上の建物」には、通常の借地権が設定されている建物の他に、定期借地権が設定されている建物を含みます。ただし、通常の借地権については、存続期間の満了にともない、借地権設定者が正当事由をもって契約の更新を拒絶したとしても、借地権者が借地上の建物について建物買取請求権を行使する場合があります。この場合、借地権設定者は建物の賃貸人の地位を引き継ぐため、対抗要件を備えている建物の賃借人であれば、賃借人としての地位を借地権設定者に対して主張できます。建物の賃貸借の対抗要件は、不動産賃借権の登記あるいは建物の引渡しを受けていることです。

　その他、賃借人が借地権の存続期間の満了を「知らなかった」ときには、知らないことについて落ち度（過失）がある場合も含まれます。借地権設定者としては、借地権の存続期間満了の1年前までに、借地上の建物の賃借人に対して借地権の存続期間の満了に関する通知をしておくことで、賃借人に対して存続期間の満了後、すぐに土地の明渡し請求を行うことが可能です。

離婚・内縁解消と借地権・借家権の承継

　借地契約や借家契約に基づき、賃借人とその配偶者が、借りている土地や建物を使用・収益している状態で離婚に至ったときに、借地権や借家権の承継をめぐって問題になるケースがあります。法律上の夫婦の離婚に限らず、内縁関係にある男女間において内縁関係を解消した場合も同様の問題が生じます。

　たとえば、賃貸人との間で借家契約を締結した賃借人（夫）が、妻と同居して住宅を使用・収益していたところ、夫婦が離婚することになり、今後は妻が住宅を使用・収益していくという内容の離婚協議がまとまったとします。

　この場合、住宅の賃借人は「夫」であるため、夫婦の離婚協議に基づき、今後は借家を使用・収益していくのが妻に決定した場合には、賃借人が交代することを意味します。つまり、賃借権が夫から妻に譲渡されることになります。これに関しては、賃貸人の同意を得ていれば、適法な賃借権の譲渡として、以後、妻が住宅を使用・収益していくことに何ら法的な問題はありません。これに対し、夫婦の離婚後に住宅を使用・収益するのが妻であることにつき、賃貸人の同意を得ていない場合には、賃借権の無断譲渡にあたります。民法では、賃借権の無断譲渡を理由として、賃貸人が賃貸借契約を解除することを認めています。

　しかし、継続的な契約関係である賃貸借契約は、信頼関係破壊の法理に基づき、当事者間の信頼関係を破壊するに至らない特段の事情が認められる場合に、賃貸借契約の解除が制限されます。前述の例で、夫婦の離婚前に同居していた事実があり、離婚によって妻が住宅を使用・収益する以外に使用・収益の実態に変化がないとします。この場合であれば、信頼関係の破壊には至っておらず、賃貸人は、通常、賃貸借契約の解除ができない場合が多いと考えられます。

第6章

定期借地・
定期建物賃貸借契約

1 定期借地権

定期借地権とは

定期借地権とは、契約の更新がされないことを特約で定めた借地権です。定期借地権を設定した場合、存続期間（契約期間）の満了により借地契約が当然に終了することになります。

借地人（賃借人）は、借地権設定者（賃貸人）の都合で土地から不当に追い出されてしまうなど、弱い立場に陥りがちです。借地借家法では、このような弱い立場の借地人を保護するため、借地人が契約の更新を請求したときには、借地権設定者の異議がなければ借地契約が更新され（法定更新）、借地権設定者が異議を述べるには、正当事由が必要であることを規定しています。

その一方で、借地契約を締結すると、契約期間が満了しても更新される可能性が高く、借地権設置者が土地の返還を請求することが困難になります。このため、通常の借地契約しか選択肢がないとなると、土地の所有者は誰も土地を貸したがらなくなり、かえって土地を借りたい人たちの利益を害する結果を招いてしまいます。そこで、土地の賃貸借を活発にするため、契約期間の満了により当然に借地契約が終了する定期借地権が設けられています。

定期借地権には、①一般定期借地権、②事業用定期借地権、③建物譲渡特約付借地権の3つがあります。

① 一般定期借地権

一般定期借地権とは、土地上の建物の利用目的に関係なく、借地権の存続期間を50年以上と定める定期借地権です。定期借地権には契約の更新がないため、ある程度の長さの契約期間を保障しようとするものです。一般定期借地権を設定するには、契約の更新、建物再築に

● 定期借地権の種類 ··

	存続期間	要 件
一般 定期借地権	50年以上	・公正証書などの書面によらなければならない ・契約の更新、建物再築による存続期間延長、 　建物買取請求を排除する特約を結ぶ
事業用 定期借地権	10年以上 30年未満	・公正証書によらなければならない ・契約の更新、建物再築による存続期間延長、 　建物買取請求に関する借地借家法の適用が排 　除される
	30年以上 50年未満	・公正証書によらなければならない ・契約の更新、建物再築による存続期間延長、 　建物買取請求を排除する特約を結ぶ
建物譲渡 特約付借地権	30年以上	・口頭でも設定することができる

よる存続期間延長、建物買取請求を排除する特約を結び、公正証書な
どの書面を作成しなければなりません。そして、期間満了の際には、
原則として土地を更地の状態にして返還する必要があります。

② 事業用定期借地権

　事業用定期借地権とは、おもに事業のための建物の所有を目的とし
て設定される定期借地権です。借地権の存続期間は10年以上50年未
満の間で定めることができます。また、存続期間が30年未満か30年
以上かによって、事業用定期借地権を設定するための要件が異なりま
すが、どちらの場合も必ず公正証書を作成しなければなりません。

③ 建物譲渡特約付借地権

　建物譲渡特約付借地権とは、借地権の設定から30年以上が経過し
た後に、借地上の建物を借地権設定者に相当の対価で譲渡するという
特約が設定されている定期借地権です。土地上の建物の利用目的は問
いません。法律上は、口頭で建物譲渡特約付借地権を設定することも
可能ですが、一般には書面が作成されます。

2 事業用定期借地権

事業用定期借地権とは

　事業用定期借地権とは、おもに事業のために使用・収益する建物を所有することを目的とする場合に設定する定期借地権のことです。たとえば、郊外に所有する土地の活用を考えている借地権設定者と、郊外にレストランを出店しようとしている会社との間で借地権を設定する場合に、事業用定期借地権が利用されます。そして、期間満了の際には、原則として土地を更地の状態にして返還する必要があります。

　事業用定期借地権を設定するには、おもに事業のために用いる建物の所有を目的とすることが必要ですが、ここでいう「事業」は、利益を得るために行うものに限られません。病院や介護施設、学校、教会など、必ずしも利益を得るために行うものでないものも「事業」に含まれ、事業用定期借地権を設定することができます。

　なお、おもに事業のために使用・収益する建物の所有を目的とする場合に限られることから、居住を目的とする事業用定期借地権の設定は認められません。さらに、事業目的と居住目的という両方の目的が含まれている場合にも、事業用定期借地権を設定することはできません。居住目的が含まれる場合にまでこれを認めてしまうと、事業用に活用される土地の増加を目指して設けられた事業用定期借地権の制度趣旨に反することになってしまうためです。

　事業用定期借地権は、存続期間が30年以上50年未満の場合と、10年以上30年未満の場合で、その要件が異なります。具体的には、存続期間が30年以上50年未満の事業用定期借地権を設定する場合は、通常の借地権（30年以上）と区別するために、以下の事項について、必ず特約を結ぶことが必要です。具体的に特約を結んでおく必要があ

● 事業用定期借地権 ……………………………………………………………

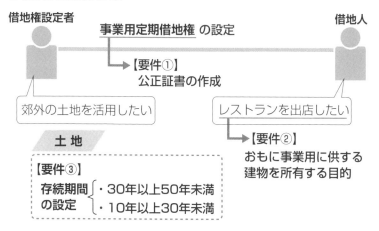

る事項は、ⓐ契約更新がないこと、ⓑ建物再築による存続期間の延長がないこと、ⓒ建物買取請求権を行使できないこと、の3点です。これに対して、存続期間が10年以上30年未満の場合は、通常の借地権との区別を要しないので、上記ⓐⓑⓒについて、特約を結ぶ必要がありません。特約を結ばなくても、借地権の内容として、当然にこれらの事項が認められます。

▌公正証書を作成する必要がある

　事業用定期借地権を設定するときは、必ず公正証書を作成しなければなりません。これは、借地人（賃借人）が事業用定期借地権の内容を十分に理解し、慎重に判断できるようにするためです。

　公正証書は、公証役場において、公証人によって作成されます。公正証書を作成する際には、作成に必要な情報の聴取や内容の読み聞かせなどが行われます。このような手続によって、借地人は再度、事業用定期借地権の内容を考慮した上で、契約締結の必要性を判断することができます。

3 定期建物賃貸借契約

定期建物賃貸借契約とは

　定期建物賃貸借契約（定期借家契約）とは、契約期間の満了によって建物賃貸借契約（借家契約）が当然に終了し、契約の更新が行われないという特約を結んでいる建物賃貸借契約です。借地借家法では、借家契約について更新ができることを原則としていますが、定期建物賃貸借契約は、賃貸建物の供給を活発にするために、その例外として認められています。

　建物賃貸借契約の更新は、おもに長期間の契約関係を実現することによって、賃借人を保護します。しかし、契約が更新されない建物賃貸借契約を締結したいという建物所有者が少なからず存在することから、借地借家法が定期建物賃貸借契約の制度を設けています。

　たとえば、海外に転勤することになった場合、その間だけ住居を誰も使用・収益しない状態にしておくのはもったいないため、転勤期間中だけ住居を賃貸したいと考えている人がいるとします。この場合、通常の建物賃貸借契約では、期間満了時に賃貸人が更新拒絶などをする正当事由がなければ、原則として契約が更新されます（法定更新）。そのため、海外転勤が終了したのにもかかわらず、賃貸人がすぐに住居を使用できなくなるおそれがあります。これに対し、定期建物賃貸借契約を締結すれば、賃貸人は海外転勤の期間を契約期間として設定し、その間だけ住居を賃貸するということができます。賃貸人としては、海外転勤の終了時に確実に賃借人から住居を返還してもらえるため、安心して住居を賃貸することができるようになります。

● 定期建物賃貸借契約

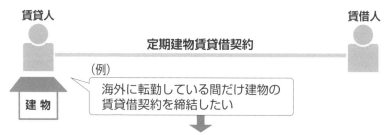

契約の際の留意点、賃貸人・賃借人のメリット

　定期建物賃貸借契約を締結するときは、公正証書などの書面を作成しなければなりません。通常の建物賃貸借契約とは異なり、口約束だけでは定期建物賃貸借契約は成立しません。ただし、定期建物賃貸借契約の締結に際して作成する書面は、必ずしも公正証書である必要はなく、通常の契約書でもかまいません。

　書面を作成しないで定期建物賃貸借契約を締結した場合は、定期建物賃貸借契約としては成立せず、通常の建物賃貸借契約が成立します。つまり、契約の更新が行われる建物賃貸借契約となってしまうので注意しましょう。

　定期建物賃貸借契約を締結する賃貸人側のメリットとしては、契約期間の満了後は契約が更新されないため、短期間で終了する賃貸借契約の締結もできるという点が挙げられます。賃貸人としては、建物と

いう財産を比較的自由に活用することが可能になります。定期建物賃貸借契約については、存続期間を1年未満と定めても、期間の定めのない建物賃貸借契約とならず、定められた存続期間の満了によって契約が終了することになるからです。

反対に、賃借人側のメリットとしては、通常の建物賃貸借契約における賃料相場よりも安い賃料で建物を借りることができるという点が挙げられます。定期建物賃貸借契約は契約の更新がなく、短期間の契約となることもあるため、借り手となる人が限定され、借り手を確保するために安い賃料が設定される傾向にあるからです。

定期建物賃貸借契約の更新はできませんが、契約終了後も同じ内容の契約関係を続けたい場合には、再度、定期建物賃貸借契約を締結する（再契約）ことが可能です。ただし、あくまでも「更新」ではなく「再契約」となりますので、賃貸人が賃借人に対して更新料を請求することはできません。

定期建物賃貸借契約の中途解約

定期建物賃貸借契約は、契約期間の途中で解約（中途解約）ができないのが原則です。ただし、賃借人側から中途解約ができる場合を借地借家法が規定しており、これを法定中途解約といいます。

具体的には、居住用建物について定期建物賃貸借契約を締結した場合、その建物の床面積が200㎡未満で、かつ、賃借人が転勤や療養、親族の介護などのやむを得ない事情により、賃貸建物を自己の生活の本拠として使用することが困難になったときに、賃借人は、定期建物賃貸借契約の中途解約ができます。この場合は、中途解約を認めないと賃借人にとって酷だからです。

その他にも、賃借人による中途解約を認める特約があれば、その特約に基づいて中途解約ができます。その一方で、賃貸人からの中途解約を認める特約は、賃借人に不利なものとして無効とされます。

契約書とは別の書面を作成して事前説明をする必要がある

　定期建物賃貸借契約を締結する場合、賃貸人は、事前に賃借人に対し、「契約の更新がなく、期間が満了すると契約が終了する」という内容の書面を交付して、説明をしなければなりません。そして、定期建物賃貸借契約の事前説明をする書面（事前説明書）は、契約書とは別個独立の書面でなければなりません。

　賃借人には、定期建物賃貸借契約が、通常の建物賃貸借契約とは異なり、更新がされない特殊な契約であることを正しく理解してもらう必要があります。そのため、賃貸人には、契約締結前に事前説明書の交付と、その内容の説明が義務づけられています。これにより、賃借人は、定期建物賃貸借契約について十分に理解し、契約を締結するかどうかについて慎重な判断をすることが可能になります。

　事前説明書の交付と事前説明は、賃借人の承諾があったとしても省略できません。賃貸人が事前説明書の交付や事前説明をしなかった場合には、定期建物賃貸借契約としては成立せず、更新の可能性がある通常の建物賃貸借契約として成立することに注意しなければなりません。

　なお、契約期間が1年以上である定期建物賃貸借契約の場合、賃貸人は、契約期間の満了の1年前から6か月前までの間に、賃借人に対して、期間満了により定期建物賃貸借契約が終了することを通知しなければなりません。この通知をしなければ、賃貸人は、定期建物賃貸借契約の終了を賃借人に主張できません。この通知は賃借人に契約の終了を知らせ、次の居住建物などを探す期間を与えるために要求されています。ただし、賃貸人は、期間満了の1年前から6か月前までの間（通知期間）に通知をしなかったとしても、通知期間の経過後に期間満了の通知をすれば、通知をした日から6か月を経過した日に、賃借人に対して契約の終了を主張することができます。

4 取壊し予定の建物の賃貸借

取壊し予定の建物の賃貸借はどのように扱われるのか

　借地借家法では、法令や契約によって、一定の期間が経過した後に取り壊すべきことが確実な建物の賃貸借は、その取壊しの時点で終了することを規定しています。つまり、建物の取壊しが法令や契約によって義務づけられている場合に、建物の取壊し時点を期限とする建物の賃貸借契約を締結することが可能です。

　法令による取壊しの例としては、土地収用法に基づき国などが土地を収用して建物を取り壊す場合や、都市計画法に基づく事業で建物の移転がなされる場合が挙げられます。

　また、建物取壊し予定のある契約の例としては、一般定期借地権や事業用定期借地権に関する契約が挙げられます。これらの契約は、存続期間の満了によって契約が更新されずに終了するため、借地権者は、建物を取り壊した状態で土地を借地権設定者に返還する義務を負います。この場合の建物の賃貸借には、取壊し予定の建物の賃貸借に関する借地借家法の規定が適用されます。

　建物の取壊しの時期については、「一定の期間を経過した後」に取り壊されることを明確にしなければなりません。一般定期借地権などの場合は、取壊し時期が明確であるため問題が生じにくいといえますが、確定した期日を定めなければならないのかが問題になります。この点は、借地借家法が「一定の期間」の経過後と規定していることから、特定の期日が示されていなくても、契約当事者にとって相当といえる程度の期間が示されていればよいと考えられています。たとえば、「2年から3年の後に予定されている建物の取壊しまでの期間」という内容で、建物の賃貸借契約を締結する場合も含まれます。

● 取壊し予定の建物の賃貸借

そして、取壊し予定の建物の賃貸借に関する借地借家法の規定が適用される「建物」は、用途による制限がありません。つまり、賃借人が住居として使用する建物（居住用建物）の他に、事務所を設置したり他人に賃貸したりするなど事業用として使用する建物も対象に含まれます。

特約について書面の作成が義務づけられている

取壊し予定の建物の賃貸借に関する借地借家法の規定が適用される場合は、当事者の合意により、契約の更新を排除する特約が結ばれたに等しいといえます。そのため、一定の期間が経過した後に建物を取り壊すという特約の内容を、書面に作成することが義務づけられています。ただし、公正証書の作成まで義務づけられているわけではありません。建物の取壊しに関する特約について書面の作成を怠った場合には、その特約は無効になるため、通常の借家契約として扱われます。

なお、建物の取壊しに関する特約を結んだ賃貸借契約の存在を第三者に主張するために賃借権の登記を行う場合は、特約の部分についても忘れずに登記することが必要になります。

一時使用目的の借地権

　一時使用目的の借地権とは、臨時の設備の設置などの一時的な目的のために設定される借地権です。一時使用目的の借地権については、その性質上、借地借家法の借地権に関する規定の一部が排除されています。

　たとえば、通常の借地権の存続期間は30年間と規定されていますが、一時使用目的の借地権については、この規定が適用されません。そのため、30年未満の存続期間を定めて締結する借地契約の他、一時使用という目的の範囲内であれば、存続期間を定めずに締結する一時使用目的の借地契約も認められます。

　また、一時使用目的の借地権に対しては、賃貸人からの更新拒絶には正当事由を必要とするなど、契約の更新に関する借地借家法の規定も適用されないため、賃借人にとっては契約の更新が保証されていないといえます。ただし、契約期間の定めがある場合において、期間満了後も賃借人が継続的に土地を使用していることを賃貸人が知っているにもかかわらず、これに異議を述べない場合には、民法の規定により契約更新がなされたと扱われる場合があります（黙示の更新といいます）。さらに、一時使用目的の借地権においては、賃借人が、契約終了時に、賃貸人に対して建物買取請求権を行使できません。

　これに対し、一時使用目的の借地権も「建物所有を目的とする」ことから、博覧会場やモデルルームなどの仮設建築物など、建物の所有を目的として契約を締結しなければなりません。その上で、一時使用の目的であることを、契約書などの記載によって明らかにしなければなりません。一時使用の目的であるかどうかが争いになることもありますが、賃貸人が契約締結から比較的短期間が経過した後に土地を自ら使用する事情がある場合や、敷金の授受が行われていない場合などに、一時使用の目的であると判断されています。

第7章

その他の法律問題と
トラブル解決の手段

1 転貸借・無断転貸

転貸借とはどのようなものか

　転貸借とは、賃借人が転貸人となって、賃貸物を第三者（転借人）に貸して使用・収益させることです。転貸借は、賃貸人から借りている賃貸物をさらに第三者に貸すことになるため、賃貸人の承諾を得る必要があります。賃貸人の承諾がない転貸借が後述する無断転貸です。転貸借における賃借人は、賃貸人との関係では借りる側の立場に立つとともに、転借人との関係では貸す側の立場に立つことになります。

賃借人（転貸人）と転借人との関係

　賃貸人の承諾を得て適法に転貸借が行われた場合、転貸人（賃借人）と転借人との間には、通常の賃貸借契約と同様の関係（転貸借契約の関係）が生じます。そのため、転借人は転貸人に対して賃料（転借料）を支払う義務などを負い、転貸人は転借人に対して賃貸物（転貸物）を使用・収益させる義務などを負います。

賃貸人と転借人との関係

　転貸借契約は、あくまで賃借人と転借人との間の契約関係ですので、賃貸人と転借人との間には、直接の契約関係は存在しません。したがって、賃貸人は、転借人に対して賃貸物を使用・収益させる義務を負いません。

　これに対し、転借人は、賃貸人の所有する賃貸物の使用・収益を行っている点から、賃貸人と賃借人との間の賃貸借契約に基づく賃借人の債務の範囲を限度として、賃料支払義務や賃貸物を損傷した場合の損害賠償義務、賃貸物の返還義務などの転貸借契約に基づく債務を、

● 無断転貸による賃貸借契約の解除の可否 ‥‥‥‥‥‥‥‥

賃貸人A

① 賃貸借契約

賃借人B
（転貸人）

③ ＢＣ間の転貸借契約は無断転貸

⇒Aは賃貸借契約を解除できるか？

【信頼関係破壊法理】

> 無断転貸が行われても背信的行為ではない特段の事情が
> 認められると解除できない

② 転貸借契約（Aに無断）

★ ＢとＣとが夫婦関係や親子関係に基づき同居しており、
　賃貸物の利用状況に実質的な変化がない場合

★ 賃貸物全体のごく一部分の転貸にとどまる場合

⇒Aの不利益がわずかであるため背信的行為といえず、
　Aは無断転貸であることを理由に、Bとの賃貸借契約を
　解除することができない

転借人C
（Bの息子）

賃貸人に対して直接履行する義務を負います。ただし、賃貸人が転借
人に対して転貸料の支払いを直接請求するか否かは、賃貸人の自由な
選択に任されています。

　たとえば、賃貸人と賃借人との間の賃貸借契約における賃料が月
10万円、転貸人（賃借人）と転借人との間の転貸借契約における転
貸料が月12万円である場合、転借人は、賃貸人に対して、月10万円
を限度として賃料を直接支払う義務を負います。賃借人に対して請求
できる金額よりも多額の賃料を転借人に請求することを賃貸人に認め
るのは、賃貸人を過度に保護することになるからです。この場合、転
借人が賃貸人に支払った金額と転貸料との差額である月2万円は、別
途、賃借人が転貸人として、転借人に対して支払いを請求することに
なります。

反対に、賃貸人と賃借人との間の賃貸借契約における賃料が月12万円、転貸人（賃借人）と転借人との間の転貸借契約における転貸料が月10万円である場合も、転借人は、賃貸人に対し賃料として月10万円を支払う義務を負います。賃貸人が転借人に対して直接支払うよう請求できるのは転貸料相当額ですので、転借人が賃貸人に支払った金額と賃料との差額である月2万円は、賃貸人が賃借人に対して支払いを請求することになります。

　ただし、転借人が転貸人（賃借人）に対して転貸料を支払った場合には、それが前払いの転貸料である場合を除き、転借人の転貸料支払債務は消滅し、転借人は賃貸人に対して賃料を支払う義務を負いません。反対に、転借人が賃貸人に対して賃料を支払った場合には、その限度において、転貸人に対する転貸料支払義務を免れることになります。

▎賃貸借契約の終了による影響

　転貸借契約は、賃貸人と賃借人との間の賃貸借契約が適法に成立かつ存続していることを前提とします。つまり、賃借人は、賃貸人との賃貸借契約を根拠として、賃貸物を転貸する権限が認められます。では、賃貸人と賃借人との間の賃貸借契約が終了した場合、転貸借契約はどのような影響を受けるのでしょうか。

　まず、賃貸借契約が賃借人（転貸人）の債務不履行を理由に解除されたことで終了した場合には、賃貸人が転借人に対して賃貸物を明け渡すよう請求した時に、転貸借契約が終了します。これにより、転借人は賃貸物を使用・収益する根拠を失いますので、賃貸人による明渡請求に応じなければなりません。賃貸借契約が債務不履行を理由に解除された時点で転貸借契約が終了するわけではありませんが、賃貸人が明渡請求をする際に転借人への事前通知が不要であることが特徴です。

　これに対し、賃貸借契約が賃貸人と賃借人（転貸人）との間の合意解除によって終了した場合には、転貸借契約は終了せず、転借人は賃

貸人に賃貸物を明け渡す必要はありません。賃貸人は転貸借を承諾していたにもかかわらず、賃貸借契約を合意によって消滅させ、転借人に明渡しを求めるのは不合理だからです。

さらに、建物の賃貸借契約（借家契約）の場合は、契約期間の満了や解約申入れによって終了しても、賃貸人がその事実を転借人に通知しない限り、建物の転貸借契約が終了しません。賃貸人が転借人にその事実を通知した後6か月が経過した時点で、建物の転貸借契約が終了します。転借人は、賃貸物である建物を明け渡すまで、6か月間の猶予を与えられていることになります。

▌無断転貸による賃貸借契約の解除

転貸借契約を適法に行うには賃貸人の承諾が必要です。賃貸人の承諾を得ずに賃借人が賃貸物を第三者に転貸し、第三者に賃貸物の使用・収益をさせた場合、賃貸人は賃借人との賃貸借契約を解除することができます。賃貸人の承諾を得ないで勝手に第三者に転貸することは、当事者間の信頼関係を失わせるものであるため、無断転貸が行われた場合には、賃貸借契約を解除できるとされているのです。

ただし、債務不履行を理由とする賃貸借契約の解除と同様に、無断転貸を理由とする解除には、信頼関係破壊法理による制限があります。最高裁判所の判例は、賃借人が無断転貸を行っても、それが賃貸人に対する背信的行為と認めるに足りない特段の事情があるときには、賃貸人は賃貸借契約を解除できないとしています。

たとえば、賃借人と転借人が夫婦関係や親子関係に基づき同居しており、賃貸物の利用状況に実質的な変化がない場合や、賃貸物全体のごく一部分の転貸にとどまる場合は、賃貸人に対する背信的行為と認めるに足りない特段の事情があると判断され、賃貸人は賃貸借契約を解除できないといえるでしょう。

2 賃借権の譲渡

賃借権の譲渡とは

　賃借権の譲渡とは、賃借人が有する賃借権を第三者に譲り渡すことです。賃借権の譲渡が行われると、賃借人の地位が譲受人に移転し、それにともなって賃借人は賃貸借関係から離脱します。

　たとえば、賃貸人Aと賃借人Bが賃貸借契約を締結していた場合、BがCに対して賃借権を譲渡すると、賃借人の地位がBからCへと移転し、Bは賃貸借契約から離脱します。賃借権の譲渡を適法に行うためには、転貸借の場合と同じく、賃貸人の承諾を得ることが必要です。賃貸人の承諾を得ず、賃借人が賃借権を第三者に譲渡し、賃貸物の使用・収益をさせた場合（賃借権の無断譲渡）、賃貸人は賃借人との間の賃貸借契約を解除することができます。

適法に賃借権の譲渡が行われた場合の法律関係

　賃借人が、賃貸人の承諾を得て、第三者に賃借権を譲渡した場合には、賃貸人と賃借人（旧賃借人）との契約関係が賃貸人と第三者（新賃借人）との契約関係に移行します。したがって、賃借権が適法に譲渡された後は、新賃借人が賃貸人に対して賃料支払義務や賃貸物の用法遵守義務などを負います。

　ただし、賃借権の譲渡前に発生していた賃料は、原則として新賃借人には承継されません。賃貸人は、新賃借人に対して賃借権の譲渡後に発生した賃料のみ請求できるのであって、譲渡前に発生していた賃料は、旧賃借人に対してのみ請求できることになります。さらに、旧賃借人が賃貸人に差し入れていた敷金も、原則として新賃借人には承継されません。そのため、賃借権が適法に譲渡された後、旧賃借人は

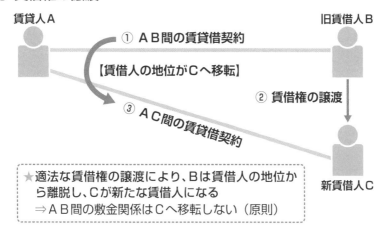

● 賃借権の譲渡 ······························

賃貸人A

① ＡＢ間の賃貸借契約

【賃借人の地位がCへ移転】

③ ＡＣ間の賃貸借契約

旧賃借人B

② 賃借権の譲渡

新賃借人C

★適法な賃借権の譲渡により、Bは賃借人の地位から離脱し、Cが新たな賃借人になる
⇒ＡＢ間の敷金関係はCへ移転しない（原則）

賃貸人に対して敷金の返還を請求できます。賃貸人が敷金を確保したいのであれば、あらためて新賃借人から敷金を差し入れてもらうことが必要です。

賃借権の無断譲渡と解除

賃貸人の承諾を得ずに賃借人が賃借権を第三者に譲渡して賃貸物の使用・収益をさせた場合（無断譲渡）についても、無断転貸の場合などと同様に、それが賃貸人に対する背信的行為と認めるに足りない特段の事情があるときは、賃貸人による賃貸借契約の解除が認められません（信頼関係破壊法理）。

たとえば、賃借人が会社を設立し、その会社に賃借権を譲渡するなど、旧賃借人と新賃借人との間に実質的な同一性が認められる場合や、親が同居する子に賃借権を譲渡するなど、賃貸物の使用主体に実質的な変更がない場合には、賃貸人に対する背信的行為と認めるに足りない特段の事情があると判断され、賃貸人は、無断譲渡を理由にして賃貸借契約を解除できなくなります。

3 建物競売等における土地賃借権譲渡の許可

どのような場合に問題になるのか

借地上の建物の譲渡は、土地の賃借権の譲渡をともなうため、賃貸人（借地権設定者）の承諾が必要となるのが原則です。借地上に賃借人（借地権者）が建てた建物を、第三者が競売や公売によって取得した場合も、同様に借地権設定者の承諾が必要となるのが原則です。

競売の典型例は、担保権実行としての競売です。たとえば、借地権者が借地権設定者以外の債権者に対する債務を担保するため、借地上の建物に抵当権を設定していたが、債務の弁済ができず抵当権が実行された場合が考えられます。公売の典型例は、国税徴収法に基づく滞納処分による公売です。たとえば、借地権者が国税を滞納しており、滞納処分として借地上の建物が差し押さえられ、第三者に売却される場合があります。

これらの場合、第三者は、建物の所有権を取得するとともに、建物が建っている土地の賃借権を取得します。しかし、土地の賃借権の譲渡について借地権設定者の承諾を得ていないため、建物を競売や公売によって取得した第三者は、借地権設定者に対して土地の賃借権を主張できません。

もっとも、借地権者が第三者に土地の賃借権を譲渡しようとする場合で、借地権設定者が賃借権の譲渡を承諾しないときは、借地権者が裁判所に申し立てて、借地権設定者の承諾に代わる許可（代諾許可）を得ることができます。しかし、競売や公売の手続が完了するまでは、借地上の建物の所有者が確定しないため、代諾許可を裁判所に申し立てることができません。

● 建物競売等における土地賃借権譲渡の許可 ……………………

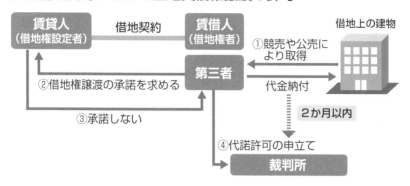

建物競売等における土地賃借権譲渡に関する規定

　借地借家法では、以上の不利益を考慮し、土地の賃借権の譲渡によっても不利になるおそれがないにもかかわらず、借地権設定者がこれを承諾しない場合には、競売や公売により借地上の建物を取得した者が、裁判所に対して、借地権設定者の承諾に代わる許可（代諾許可）を申し立てることを認めています。借地権設定者が不利になるおそれの有無は、借地上の建物を取得した第三者が、土地の賃料を支払うことができるか、借地権者として信頼できる人物といえるか、などの観点から判断されます。

　裁判所が、競売や公売による借地上の建物を取得した第三者からの申立てに対して代諾許可を与えると、借地権が借地権者からその第三者へと適法に譲渡されたことになります。ただし、競売や公売によって借地上の建物を取得した第三者が、裁判所に対して、賃借権の譲渡に関する許可の申立てを行うことができるのは、建物の代金を支払ってから2か月以内に限られています。

　なお、裁判所が許可を与える際に借地権設定者と借地上の建物を取得した第三者の利益を考慮して、付加的な判断を行うことが認められています。たとえば、賃借権の存続期間の延長、賃料の増額、敷金の支払いなどを裁判所が命じる場合があります。

4 サブリース

サブリースとは

サブリースとは、ビルなどの建物の所有者と賃借人の間で、その建物を一括して長期間賃貸借する契約を締結し、賃借人が各フロアなどを実際の入居者に転貸する契約類型です。

たとえば、オフィスビルの所有者（オーナー）Aが、不動産会社Bとの間で、オフィスビルの賃貸借契約を締結し、Bが各フロアについて、オフィスを利用しようとするCら複数の入居者（テナント）との間で転貸借契約を締結する場合です。賃借人であるBは、賃貸建物を自ら使用・収益することを予定しておらず、転借人による使用・収益が予定されていることがポイントです。

サブリースは、転貸借契約という形態をとるため、転貸借に関する規定に従うことが求められます（⇨ P.166）。たとえば、サブリースを行う際に、事前に賃貸人の承諾を得ておく必要があります。先ほどの例では、Bがオフィスビルの各フロアを転貸する際に、事前にAの承諾が必要です。その他にも、転借人は、賃貸人と賃借人との間の賃貸借契約に基づく賃借人の債務の範囲を限度として、賃貸人に対して、賃料支払義務などの転貸借に基づく債務を直接履行する義務を負います。

サブリースでは、一般に10年、20年といった長期の契約期間が設定されます。この契約期間は賃料保証期間と呼ばれ、この期間の賃料のことを保証賃料と呼ぶこともあります。さらに、中途解約を禁止する特約が設けられていることが多く、敷金が建物の建築費相当額などのように高額となるなどの特徴があります。

● サブリース

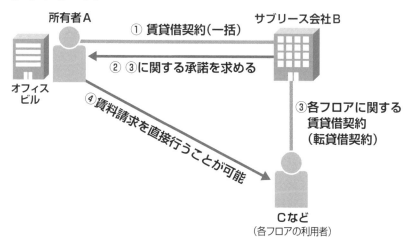

所有者A　サブリース会社B

① 賃貸借契約（一括）

② ③に関する承諾を求める

オフィスビル

④ 賃料請求を直接行うことが可能

③各フロアに関する
賃貸借契約
（転貸借契約）

Cなど
（各フロアの利用者）

■ サブリースのメリット

　不動産会社などの賃借人（転貸人）のメリットとして、自ら土地を購入したり建物を建築したりすることなく、多くの部屋の賃貸（転貸）を事業として行うことができ、賃貸人に支払う賃料と転借人（入居者）から支払われる転貸料との中間利益を得ることができる点が挙げられます。

　これに対し、ビルなどの建物の所有者である賃貸人のメリットとして、一定の賃料が保証されている点が挙げられます。たとえば、7階建ての各階1フロアの賃貸オフィスビルで、3フロア分しか借り手がいない場合、通常の賃貸借契約では、賃料収入は3フロア分しか得ることができません。しかし、サブリースでは、賃借人による賃料保証が行われることから、空室が発生しても賃料収入のリスクを軽減することが可能になり、賃貸人は安定して賃料収入を得ることができます。また、地価の高騰が見込まれる場合には、賃貸借契約の締結時に、一定期間が経過するごとに賃料が自動的に増額するという契約条項を盛り込んでおくことで、より安定的な賃料収入の確保が可能になります。

さらに、賃貸人は、自ら直接の賃貸人となって個別に賃貸借契約を締結する手間を省くことができ、賃借人に賃貸建物の管理を任せることができるというメリットがあります。その他、賃貸人と入居者である転借人との間に直接の契約関係が存在しないことから、転借人が賃貸建物を使用・収益する上でトラブルを生じても、賃借人（転貸人）が当事者となって転借人との間でトラブルの解決が図られることになり、賃貸人自身はトラブルの当事者とならないという点もメリットとして挙げられます。

サブリースと管理委託方式との違い

サブリースに似た賃貸借契約を用いた事業の手法として、管理委託方式があります。管理委託方式とは、賃貸人が不動産管理会社との間で管理委託契約を締結し、賃貸建物の賃料集金の代行や清掃などの管理業務を管理会社に委託する方式です。サブリースとの違いは、不動産管理会社は管理を委託されているだけで、賃借人の地位に立たないことが挙げられます。そのため、賃貸人は、建物の使用・収益をしようとする者、つまり賃借人となる者との間で、直接に賃貸借契約を締結する必要があります。不動産管理会社は、賃料の集金を代行しても、あくまで集金を行っているだけで、賃借人に対して賃料債権を有しているわけではありません。

リスクも多いので注意が必要

サブリースにおいて、一定の賃料が保証されているという点は賃貸人にとって大きなメリットですが、一方で、賃貸人は賃料減額請求を受ける可能性があるというリスクが存在します。

土地・建物の価格の低下や経済事情の変動などにより、建物の賃料が相場と比較して不相当となった場合、賃借人は、賃料の減額を請求できます（賃料減額請求権）。たとえば、経済不況により土地・建物

の価格が大きく下落した場合には、賃借人から賃料の減額を請求される可能性が高いといえます。賃料減額請求は借地借家法によって認められているもので、賃貸人が減額請求を了承しない場合は、賃貸人と賃借人との間で協議を行うことになります。協議が調わなければ、民事調停での協議を行い、それでも協議が調わなければ、賃料減額を求める訴訟を提起し、裁判所の判断にゆだねることになります。このように、賃貸人としては、賃借人から賃料減額請求があった場合は、賃借人との交渉に相当の労力を割かなければなりません。

　サブリースに関する契約の中で、賃料の自動的な増額についての条項が盛り込まれることがありますが、この場合でも、経済事情の変動などを理由に、賃借人が賃貸人に対して賃料の減額請求を行うことが認められるのでしょうか。

　この点について、最高裁判所の判例は、借地借家法が規定する賃料増減請求権は、当事者の合意によって適用の排除ができない規定（強行規定）であると判断しています。したがって、一定期間の経過により自動的に賃料が増額される条項が盛り込まれていても、経済情勢の変動などを理由に、賃借人は賃貸人に対して賃料減額請求を行うことが可能です。ただし、実際に賃料減額請求を認めるか否かは、個別のサブリースに関する契約において、賃料の増額に関する条項が盛り込まれた目的その他の事情を考慮することが必要であり、最高裁判所の判例も賃料減額請求が認められない余地があることを認めている点に留意する必要があります。

　また、賃借人である不動産会社などが経営難で倒産し、賃借人が保証していた賃料が賃貸人に支払われなくなるというリスクも存在します。賃貸人としては、不動産会社などの契約に基づきサブリースを行う際には、メリットとリスクを比較し、契約先の不動産会社などを含めて慎重に判断する必要があります。

Q 事業のための借入れについての保証契約に関する民法の規定が、賃貸事業を運営する中で適用されるのはどのような場合なのでしょうか。

A 賃貸経営を始めるにあたって、土地や建物を購入するための資金を調達する場合などに適用されます。

　事業運営の中で、設備投資のために資金の融資を受けるなど、事業に必要な資金を借り入れる、つまり事業に関する貸金債務を負担する場合があります。民法では、事業に関する貸金債務を主たる債務（債務者の債務のこと）として、個人の保証人が保証契約や根保証契約を締結する場合には、保証人になる者の保証意思を確認するため、保証契約や根保証契約の締結の日前1か月以内に公正証書を作成しなければ、保証契約や根保証契約の効力は生じないと規定しています。公正証書による保証意思の確認が必要なのは、主たる債務が事業に関する貸金債務である場合、個人の保証人に対して多額の保証を求めることになり、保証人の経済的な損失が大きくなる危険性があるからです。

　事業に関する貸金債務についての上記の規制が、賃貸事業を運営する中で問題になるおもなケースは、以下の3つです。

　まず、①賃貸人が、不動産の賃貸事業を営む目的で、新規物件を購入する際、その購入資金を銀行などの金融機関から借り入れる場合が挙げられます。たとえば、新たに賃貸事業を始めるAが、貸家として用いるための建物やその敷地を3000万円で購入しようとします。このとき、購入資金をB銀行から借り入れるため、Aの父親Cが連帯保証人になるケースなどで、Cは、連帯保証契約締結の日前1か月以内に、保証の意思があるという内容の公正証書を作成しなければなりません。

　次に、賃貸事業を営んでいる場合でも、②古くなった賃貸物件の大規模修繕工事が必要になって、その資金を金融機関から借り入れる際

公正証書による保証意思の確認

（原則）事業に関する貸金債務（事業のための借入れ）について、保証人となる個人が保証債務を履行する意思表示をしなければならない	
時　期	契約締結の日前1か月以内
方　法	公正証書の作成
公正証書による保証意思の確認が不要の場合	主たる債務者が法人で、保証人がその理事や取締役など
	主たる債務者が法人で、保証人がその議決権の過半数をもっている者など
	主たる債務者が個人で、保証人がその共同事業者など

に、その貸金債務を個人の保証人が保証する場合も公正証書の作成が必要になります。

さらに、③賃貸人がお金を貸す側になる場合も、事業に関する貸金債務についての規制に注意が必要となる場合があります。たとえば、賃借人Eが借り受けた建物で店舗を営もうとする際に、Eの知人Fを保証人として賃貸人Dがこれに融資するときは、賃借人Eにとって事業に関する貸金債務にあたります。したがって、賃貸人Dが個人の保証人Fとの間で保証契約や根保証契約を締結する場合は、公正証書を作成しなければなりません。

締結する契約が保証契約の場合、公正証書には、主たる債務の債権者・債務者、主たる債務の元本・利息・違約金・損害賠償などの有無、債務者が債務を履行しない場合に保証人が債務の全額を履行する意思の有無を記載することが必要です。そして、これらの事項を含めて、主たる債務を保証する意思の有無を示さなければなりません。これに対し、締結する契約が根保証契約の場合、公正証書には、主たる債務の債権者・債務者の他に、主たる債務の範囲、保証人が保証する上限額（極度額）などを明示し、主たる債務者が債務を履行しない場合に極度額の範囲で主たる債務を保証する意思を示さなければなりません。

建物の売却と賃貸人の交代

どんな場合に問題になるのか

　たとえば、賃貸人Aと賃借人Bとの間で、A所有の建物について賃貸借契約が締結されており、その後に、Aが建物を第三者（譲受人）Cに売却したという事例で考えてみましょう。

　この場合、賃借人Bに関しては、建物の賃借権の存在を譲受人Cに対して主張できるのかという問題が生じます。さらに、譲受人Cに関しては、賃貸人Aから建物を購入したことに基づき、賃貸人の地位をAから譲り受けたとして、賃借人Bに対して賃料の支払いなどを求めることができるのかという問題が生じます。

　民法では、不動産の賃借人は、賃貸借に関する対抗要件として賃借権の登記を備えることで、第三者に対して自らの賃借権を主張できると規定しています。そして、不動産の賃借人が賃貸借に関する対抗要件を備えていれば、賃貸不動産の譲渡が行われた場合、不動産の賃貸人の地位が賃貸不動産の譲受人に移転すると規定しています。これらの規定により、対抗要件を備えた不動産の賃借人は、直接には契約を締結していない賃貸不動産の譲受人に対しても、自らの不動産の賃借権を主張することができます。

　前述の例では、賃借人Bが賃借権の登記を備えていれば、譲受人Cに賃貸人の地位が移転し、Cに対して、旧賃貸人Aとの間で締結した建物の賃貸借契約に基づく賃借権の存在を主張することができます。これにより、賃貸建物の譲渡後も、賃借人Bは、引き続きその建物を使用・収益することができるだけでなく、譲受人Cからの建物明渡請求を拒絶することもできます。しかし、賃借権の登記は、賃貸人と賃借人が共同で行わなければならず、賃貸人が賃借権の登記に協力して

● 建物の売却と賃貸人の交代

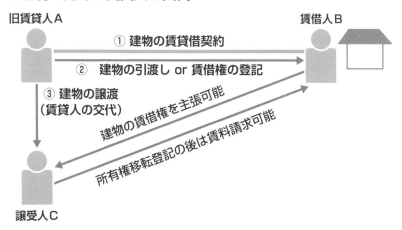

旧賃貸人A

賃借人B

① 建物の賃貸借契約

② 建物の引渡し or 賃借権の登記

③ 建物の譲渡
（賃貸人の交代）

建物の賃借権を主張可能

所有権移転登記の後は賃料請求可能

譲受人C

くれる保証がありません。そのため、賃借権の登記が行われるケースは稀で、賃借人が賃貸不動産の新たな所有者に対して、自らの賃借権を主張できないという問題が生じます。

　そこで、借地借家法は、賃借権の登記がなくても、譲受人などの第三者に対し、自らの賃借権を主張できる場合について規定を設けています。たとえば、建物の賃貸借（借家契約）の場合は、賃借権の登記をしていなくても、賃借人が建物の引渡しを受けていれば、賃借人は、その後に建物を取得した譲受人などの第三者に対し、建物の賃借権を主張することが認められています。

▌不動産の賃貸人が交代する場合

　不動産の賃借人が対抗要件を備えている場合、賃貸不動産の譲渡によって、当然に賃貸人の地位が譲受人に移転する点が重要です。契約関係にある一方当事者が、自らの契約上の地位を第三者に移転する際には、他方当事者の同意を得なければ、当事者の交代を他方当事者に主張できないのが原則です。しかし、不動産の賃貸借については、賃借人の側からすると、賃貸人が誰なのかよりも、むしろ賃貸不動産の

譲渡後も自らが賃貸不動産の使用・収益を継続できるかどうかが重要です。そのため、賃貸不動産の譲渡が行われた場合は、賃借人の同意の有無を問わず、賃貸人の地位がその賃貸不動産の譲受人に移転する（賃貸人が譲受人に交代する）としているのです。

譲渡後も賃貸人の地位が残る場合もある

民法では、賃借人が対抗要件を備えた賃貸不動産の譲渡によっても、賃貸人の地位が譲受人に移転しないという例外的な場合を認めています。たとえば、賃貸不動産の譲渡の際、譲渡人と譲受人との間において、賃貸人の地位を譲渡人のまま維持することを合意するとともに、譲受人から譲渡人に対してその不動産を賃貸することも合意した場合です。前述の例で、賃貸人Aと譲受人Cとの間で、これらの合意がある場合には、賃借人Bとの間の賃貸借契約において、Aが依然として賃貸人であり続けます。

上記の合意によって賃貸人の地位が譲渡人に留保された場合は、譲渡人と譲受人との間の賃貸借が終了したときに、賃借人との賃貸借契約における賃貸人の地位が譲渡人から譲受人へと移転します。賃貸人が誰であるのかを明確にすることで、譲渡人と譲受人との間の合意に基づく賃貸借によって、賃借人の地位に影響が及ばないように配慮されています。前述の例では、ＡＣ間の賃貸借契約が終了したときに、賃借人Bとの間における賃貸人の地位がAからCへと移転します。

不動産の賃貸人の交代を主張するには登記が必要

不動産の賃貸借における賃貸人の地位が譲渡人から譲受人へと移転した場合において、譲受人が賃借人に対して賃貸人の地位が移転したこと、つまり賃貸人が交代したことを主張するには、賃貸不動産について所有権移転登記を備えることが必要です。

前述の例で、賃貸建物が賃貸人Aから譲受人Cへと売却されたこと

で、賃貸人がAからCへと交代した場合、Cは、賃貸建物の所有権移転登記を備えなければ、自らが賃貸人として、賃借人Bに対して賃料の支払いを請求することができません。そのため、賃貸建物の譲渡後、Cが所有権移転登記を備える前に、Bが引き続きAに対して賃料を支払っていたとしても、賃料を二度にわたり支払うというリスクを負うことがないといえます。

建物の譲渡後に賃借人が負担した費用の取扱い

賃借人が賃貸建物の必要費（⇨ P.58）や有益費（⇨ P.60）といった費用を支出した場合には、賃貸人に対して費用の償還を請求することができます。それでは、賃貸建物の売却などが行われて、賃貸人が交代した場合には、旧賃貸人と譲受人のいずれに対して費用の償還を求めればよいのでしょうか。この点についても、賃貸人の地位が譲受人に移転している場合には、賃借人は譲受人に対して、費用の償還を請求することが可能です。前述の例で、賃貸建物が譲渡人Aから譲受人Cに対して売却された後に、その建物の割れた窓ガラスの交換費用を賃借人Bが負担したとします。この場合、譲渡人Aから譲受人Cに対して賃貸人の地位が移転していれば、賃借人Bは、譲受人Cに対して必要費の償還請求を行うことができます。

相続による賃貸人の交代

賃貸不動産の売却などにより賃貸人の地位が移転する以外にも、賃貸人の地位の移転が問題になる場合があります。たとえば、賃貸借契約の期間中に賃貸人が死亡した場合が挙げられます。

賃貸人に相続人がいる場合は、相続開始によって賃貸人の地位が相続人に移転します。どの相続人に移転するかは、死亡した賃貸人の遺言や相続人による遺産分割などによって決まります。

6 居住用建物の賃借権の承継

居住用建物の賃借権の承継とは

借地借家法は、相続人のいない賃借人が死亡した場合で、賃借人に内縁の配偶者や事実上の養子がいるときに、内縁の配偶者や事実上の養子（養子縁組の届け出を行っていない子）が賃借人としての地位を承継することを認めています。

死亡した賃借人に相続人がいる場合は、相続人が賃借人としての地位を承継するため、同居していた相続人などは、賃借人が死亡した後も、賃借人として賃貸建物に引き続き居住することが可能です。しかし、賃借人の内縁の配偶者や事実上の養子は、賃借人が死亡した場合に相続人になることができないため、賃借人の生前に賃借人と同居していた賃貸建物について、賃借人が死亡した後、賃貸人から退去を求められるおそれがあります。

そこで、借地借家法では、内縁の配偶者や事実上の養子が、賃借人の死亡後も、生活基盤である住居に居住し続けるための規定を設けています。この規定による保護を受けるのは、死亡した賃借人と賃貸建物に同居していた賃借人の内縁の配偶者と事実上の養子です。これらの者は、賃借人の死亡後、賃借人の地位を引き継ぎ、引き続き賃貸建物に居住することが可能になります。

内縁の配偶者や事実上の養子に賃借人の地位が承継されるのは、死亡した賃借人に「相続人がいない」場合に限定されます。したがって、死亡した賃借人に相続人がいる場合は、同居していた内縁の配偶者や事実上の養子が賃借人の地位を引き継ぐことはありません。しかし、死亡した賃借人の内縁の配偶者については、相続人とともに賃借人とはならないものの、相続人の賃借権を援用し、賃貸人に対して建物に

● 居住用建物の賃借権の承継 ・・・

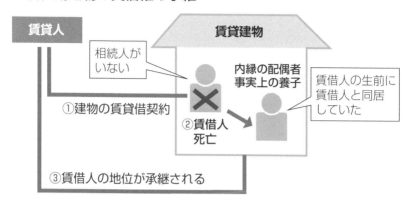

居住する権利を主張できるとした最高裁判所の判例があることに注意
が必要です。

　内縁の配偶者や事実上の養子は、賃借人の地位を引き継ぐ場合には、
建物を使用・収益する権利の他、賃貸人に対して、賃貸建物の修繕を
請求する権利や、賃貸建物について支出した費用（必要費・有益費）
の償還を求める権利も承継します。一方、賃借人としての義務も引き
継ぐため、賃貸人に対して、賃料支払義務を負う他、賃貸建物の用法
遵守義務なども負うことになります。

▎居住用建物の賃借権の承継の例外

　賃借人と同居していた内縁の配偶者や事実上の養子が、例外的に賃
借権を承継しない場合があります。具体的には、内縁の配偶者や事実
上の養子が、賃借人が死亡した時点で、賃借人の相続人になる者がい
ないことを知った後1か月以内に、賃貸人に対して賃借人の地位を承
継しないという意思表示をした場合です。賃借人の地位を承継すると、
上記のとおり賃料支払義務などの義務も負うことになるため、内縁の
配偶者や事実上の養子に選択権を認めています。

法的手段の活用法

どんなトラブルと解決法があるのか

　借地・借家において最も多いトラブルとして、賃借人が地代・家賃を滞納する場合が挙げられます。また、借家の場合には、敷金をめぐるトラブルも多く発生しています。その他にも、賃借人が借地・借家を賃貸人に無断で転貸した場合に、賃貸人が無断転貸に基づく賃貸借契約の解除を主張する場合などが、おもなトラブルとして挙げられます。これらの借地・借家をめぐるトラブルの法的解決というと、即座に訴訟を思い浮かべる人も多いでしょうが、実際には段階的にさまざまな方法を利用することができます。

督促手続や民事調停の手続を利用する方法もある

　賃借人が地代や賃料の支払いを滞っている場合に、賃貸人が利用できる手続として、督促手続を挙げることができます。督促手続とは、地代や賃料など金銭の支払いを求める請求について、簡易迅速に解決を図るための特別の手続として民事訴訟法が規定する制度で、請求金額などの制限はありません。訴訟手続とは異なり、簡易裁判所の裁判所書記官が取り扱い、裁判所書記官が請求を認める場合に支払督促が発せられます。督促手続では、賃借人などの債務者に対して審尋（言い分を聴く手続）を行わずに支払督促が発せられます。

　また、裁判所を通じた手続でも、賃貸人は、訴訟以外に、簡易裁判所における民事調停の手続を利用することもできます。当事者による民事調停の申立てにより、裁判官と民事調停委員により構成される調停委員会が当事者の意見を聴き、調停案を示します。当事者が調停案に同意すると調停調書が作成され、これも強制執行を行うために必要

● さまざまな法的手段 ……………………………………………

さまざまな法的手段		
督促手続		地代や賃料など金銭の支払いを求める請求について、簡易迅速に解決を図るための民事訴訟法上の特別の手続
民事調停		裁判官と民事調停委員により構成される調停委員会が、当事者の意見を聴き、調停案を示す手続 ※地代や賃料に関する訴訟を提起する前に必ず調停を経なければならない（調停前置主義）
訴訟	少額訴訟	60万円以下の金銭の支払いを求める請求を扱う手続
	通常訴訟	当事者の主張について口頭弁論や証拠調べを経て、原告の請求に理由があるのか否かを裁判所が判断する手続 ※強制執行を行うには、確定判決などの債務名義を得て強制執行の手続を申し立てることが必要

な債務名義となります。とくに地代・賃料の増減請求に関する争いは、訴訟を提起する前に民事調停の手続を経なければなりません。民事調停には、請求金額の制限などはなく、訴訟に比べて費用が安いというメリットがあります。

最終的には訴訟を提起する

　督促手続や民事調停の手続でもトラブルが解決しない場合、滞納賃料の支払いなどを求める賃貸人は、裁判所に民事訴訟を提起することになります。なお、通常の民事訴訟（通常訴訟）の他に、60万円以下の金銭の支払いを求める請求は、1回の期日で審理が終了するなど簡易な手続による少額訴訟を利用することも可能です。

　通常訴訟では、当事者の主張について口頭弁論や証拠調べを経て、最終的に原告の請求に理由があるのか否かを、裁判所が判決として判断を行います。ただ、賃貸人が訴訟で勝訴しても、賃借人が賃料の支払いなどを行わないことがあります。この場合、賃貸人は勝訴した確定判決など（債務名義）を示し、強制的に権利を実現する強制執行の手続の申立てを裁判所に対して行う必要があります。

8 供　託

供託とは

　供託とは、債務者が債権者に弁済すべき金銭・有価証券・物品を供託所に預けることです。供託所として指定されているのは、不動産登記などを取り扱う法務局などです。

　賃貸借契約においては、おもに賃借人の賃料支払義務を消滅させるために供託が行われています。具体的には、賃借人が賃料を支払おうとしたものの、賃貸人が賃料を受け取らない場合あるいは受け取ることができない場合、賃借人が供託所に賃料に相当する金額を供託すれば、賃借人の賃料支払義務が消滅します。

　賃料支払義務は、本来、賃借人の支払行為と賃貸人の受領行為がなければ消滅しません。賃料支払義務が消滅しない限り、賃借人としては、賃貸人から債務不履行を理由に賃貸借契約を解除されたり、損害賠償を請求されたりする可能性があります。賃貸人が賃料の支払いを受け取らない場合まで、賃借人がこのような不利益を被るのは不公平です。供託には、供託所に賃料相当額を預けることで、賃料支払義務が消滅しないことによる賃借人の不利益を防止できるというメリットがあります。

供託を行うための要件

　供託はいつでもできるわけではありません。供託を行うためには、賃貸人が賃料を受領しないあるいはできない状況にあることが必要です。具体的には、①賃貸人が賃料の受領を拒んでいる場合、②賃貸人が賃料を受領することができない場合、③賃借人が過失なく賃貸人が誰であるかを知ることができない場合、の３つのうちいずれかに該当

● 供託

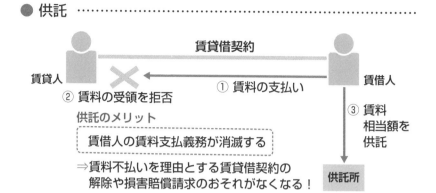

することが必要です。これらの供託の要件のことを供託原因と呼んでいます。

供託原因の中でよく問題となるのが①の場合です。賃貸人が賃料の受領を拒んでいる場合とは、たとえば、賃貸人が賃料増額請求をしており、増額された賃料でなければ受け取らないと主張している場合です。この場合、賃借人は、賃料相当額（裁判確定前は自らが相当と認める賃料相当額）を供託しなければ、債務不履行になってしまいます。

①の場合に該当するには、賃借人が賃貸人に対して適法に賃料を提供していることが必要です。賃料の提供もせず供託所に賃料相当額を預けようとしても、①の場合に該当しないため、供託原因が存在せず供託ができません。ただし、賃貸人が賃料を受領しないことが明確である場合は、直ちに賃料相当額を供託することができます。

その他、③の場合が問題になるケースもあります。たとえば、賃貸人の死亡によって相続が発生し、賃貸人の地位を相続人が承継したが、誰が相続人になったのか、相続人のうち誰が賃貸人の地位を承継したのかが、賃借人にとって不明な場合などが挙げられます。

以上に対し、賃貸人が供託された賃料相当額を供託所から受け取る際には、賃借人の承諾は不要です。

9 借地非訟事件の手続

どのような場合に利用されるのか

借地契約に関するトラブルについては、借地非訟事件という裁判所による手続が利用されることがあります。

裁判所において取り扱う手続には、訴訟手続と非訟手続があり、借地非訟事件は非訟手続に分類されます。非訟手続は、訴訟手続よりも手続の流れが簡略化され、柔軟であるところに特徴があります。たとえば、書面による審査が中心で、当事者から意見を聴く手続であっても公開されません。

訴訟手続とは、当事者が公開法廷において裁判官の面前で主張する口頭弁論などを経て、客観的かつ公平な立場から法的紛争に関する判断（判決など）を行う手続です。判決などは紛争解決に大きな影響を与えますが、手続の流れが煩雑で、訴訟が終了するまでかなりの時間を要するという短所があります。そこで、裁判所が後見的に紛争解決をサポートする目的の下、非訟手続が設けられています。

借地非訟事件は、借地契約に関するトラブルを柔軟に解決する手続ですが、借地契約をめぐるあらゆる紛争で利用できるわけではありません。たとえば、借地契約の解除に基づいて借地の明渡しを請求する場合や、賃料の増額・減額に関するトラブルを解決しようとする場合などは、借地非訟事件の手続を利用できません。このような当事者の権利義務を確定する判断は、民事調停の手続による他は、客観的かつ公平な状況でなされることを要するため、口頭弁論が行われ、手続が公開される訴訟手続によらなければなりません。

借地非訟事件の手続を利用できる事件は、①借地条件の変更、②借地上の建物の増改築の許可、③借地契約更新後の借地上の建物再築の

● 借地非訟事件

| 借地非訟事件の対象となる事件 | ①借地条件の変更の許可、②建物の増改築の許可、③借地契約更新後の借地上の建物再築の許可、④土地の賃借権の譲渡・土地の転貸の許可、⑤借地権設定者の建物・土地賃借権の譲受けの許可、⑥建物の競売または公売にともなう土地賃借権の譲受けの許可　に関する事件 |

借地非訟手続のおもな流れ

裁判所による申立書の受理 → 答弁書の提出 → 鑑定委員会の意見聴取 → 裁判所による決定

許可、④土地賃借権の譲渡・土地の転貸の許可、⑤借地権設定者の建物・土地賃借権の譲受けの許可（介入権）、⑥建物の競売・公売にともなう土地賃借権の譲受けの許可です。

▌どんな手続をするのか

　借地非訟事件は、裁判所に申立てを行うことで手続が開始されます。申立てが受理されると、相手方は、答弁書（申立てに反対する理由などを記載した書面）を提出する必要があります。

　その後、裁判所は当事者の主張を整理・検討し、鑑定委員会の意見を聴きます。鑑定委員会とは、不動産について専門的な知識をもつ弁護士や不動産鑑定士などで構成される委員会です。鑑定委員会の意見や当事者の主張を参考に、裁判所は、最終的な紛争解決のために決定書を作成し、当事者に送達します。

　裁判所の決定に不服がある当事者は、決定書の送達を受けた日から2週間以内に不服申立て（即時抗告）ができます。期間内に即時抗告をしないと、裁判所の決定が確定します。

民法改正で変わる！
不動産賃貸借ビジネスの法律知識

2020 年 5 月 5 日　第 1 刷発行

編　者　デイリー法学選書編修委員会
発行者　株式会社　三省堂　代表者　北口克彦
印刷者　三省堂印刷株式会社
発行所　株式会社　三省堂
　　　　〒 101-8371　東京都千代田区神田三崎町二丁目 22 番 14 号
　　　　電話　編集 (03) 3230-9411　　営業 (03) 3230-9412
　　　　https://www.sanseido.co.jp/
〈DHS 不動産賃貸借・192pp.〉

ISBN978-4-385-32522-4